優しいままで
生きてゆく

上江ちはる

JN197842

はじめに

「優しいって損だな」

「優しいって生きにくいな……」

そう思ったことありませんか？

そうなんです。優しいって、けっこう生きにくいんですよね。

何を隠そう、それを一番よく知っているのが私かもしれません。

たしかに私は怒ったこと、ほとんどありません。よほどのことでもない限り、自分

でいうのもなんですが、根っからの優しい性格なので、怒るよりも相手に配慮したりしてしまいます。

振り返ってみたら、職場でも私と同じで優しい人が何人かいて、みんな理不尽なことでも我慢したり、受け流したりして生きていました。私だけじゃなかった。みんな、優しさゆえに苦労していたんです。


優しい人の一番のリスクは「人に利用されやすい」ことにあると思います。

面倒くさい仕事を押しつけられたり、サービス残業を押しつけられたり、自分の仕事じゃないものを押しつけられたりするのはしょっちゅうですよね。

私だってそうでした。

なんでも押しつけられるんです。

優しい人が利用される一因は、なんといっても「協力的な性格を持っている」からです。優しい人は他の人のことを考えたり重視したりするので、無意識に相手の要望に応えようとしてしまうんですよね。だから、まわりにいる少し自己中心的な人は、優しい人に対して、その「断れない優しさ」を利用したりします。

優しい人は、本当はわかってるんですよ。そういうのは……。

「あ、この人は自分を利用するつもりだな」と敏感に感じます。

皮肉なことですけど、優しい人は相手の気持ちを読むのも得意なので、そういうのは一瞬でわかります。

でも、それでも引き受けたりして、わざわざ他人に利用されて自爆したりするわけです。なぜかというと、自分が断って他の人に嫌な思いをさせるくらいなら、自分が我慢しようと思ってしまうからです。

だから、優しい人は、それこそ何でも頼まれてしまいます。


「断ればいいじゃない」という人もいます。

それがなかなかできないのが優しい人の特徴です。その期待に添えないと感じると、優しい人は罪悪感やストレスを感じるからです。

その頼みごとが度を越えてしまっても、優しい人の中には無理な要求にも応じてしまう人もいます。優しい人の中では、困っている人を助けるのは当たり前で、それがアイデンティティでもあるわけです。

頼りにされると、ついつい他の人の要望に応じてしまいます。

そうやって優しさが利用されてしまうことが続くと、もちろん精神的にも良くないです。「もうこれ以上は無理」と思っても引き受けてしまうので、少しずつ心が壊れてしまうんですよね。

優しいって素晴らしいことなのに、優しい人自身がそれを評価しないのは、やっぱりそういう利用されやすさを自分で気づいているからだと思います。

優しいことのデメリットは、まだあります。

優しい人は何をされても怒らないし、何をされても許してしまうので、「無理難題を押しつけても大丈夫でしょ?」と軽く思われてしまうんです。

たとえば、優しい人と怖い人の約束がだぶったとき、約束を破られるのはいつも優しい人のほうです。「怖い人はあとが面倒なので約束はしっかり守ろう。優しい人は約束を破ろうがドタキャンしようが怒らないんだから後回しにしよう。約束をすっぽかしても、どうせ許してくれるから大丈夫」とか思われます。

悲しいことに、優しい人は本当にそうやって軽く扱われます。

優しい人は、やっぱり「自分が怒らないから後回しにされたんだな」と敏感に気づきます。では、優しさを捨てるのかというと、優しい人は優しさを捨てられないんです。怒るのかというと、優しいから怒らないんです。そして、相手に1時間待たされようが、ドタキャンされようが、つい許してしまいます。

心の中でがっかりしていても、少したつと「相手にも事情があったんだろうなぁ」と相手のことを思ったりして許したりしてしまいます。

優しいのでそうなってしまうんです。

「じゃ、優しいのは捨てたほうがいいの？」

「優しさはないほうがいいの？」

そう考える人もいるかもしれません。

いえいえ、優しい人が優しさを捨てるなんて、できないです。もし、できたとしても、それで自分が幸せになるわけではないし、社会が良くなるわけでもありません。というよりも、優しい人が優しさを捨てたら、社会はギスギスして本当に暮らしにくい場所になってしまいます。

じゃ、どうしたらいいの？

それを、これからじっくり考えていきませんか？

優しい人は、優しい人なりの生きかたがあると思うんですよね。

さらにいえば、優しさを活かしたライフスタイルがあると思うんですよね。

優しい心のまま、しなやかに生きていきませんか？

優しいままで生きてゆく　目次

優しい人の生きにくさ

優しい人の心の動き

ちょっと、ここで優しい人の「生きにくさ」はどういう心の動きによって起きているのか、少しまとめてみましょう。

- 優しい人は他の人の感情にすごく敏感です。そのため、無理に他人の期待に応えようとして自らを過度に犠牲にしてしまうこともあります。それで生きにくいと感じてしまいます。

- 優しい人は他の人の悩みや問題を受け入れて、無意識に共感しようとします。その結果、他人の問題も自分のものになってしまい、それで生きにくいと感じてしまいます。
- 優しい人はいつも他の人との良好な関係を築こうとします。でも、人間関係っていろんな軋轢《あつれき》が生まれるものです。優しい人はいつもそこで妥協したり我慢したりしてしまいます。それで生きにくいと感じてしまいます。
- 優しい人は他の人の感情を受け入れやすい一方で、他人のネガティブな感情が自分にも浸透しやすいです。それで自分のメンタルに悪影響を及ぼすことも多いです。それで生きにくいと感じてしまいます。
- 優しい人は他の人との関係において拒絶や失望を受けることに敏感です。それで生きにくいと感じてしまいます。

- 優しい人は他の人に合わせようとしすぎる傾向があります。ときには自分の本音や意見を押し殺してでも他の人に同調してしまうんです。それで生きにくいと感じてしまいます。

- 優しい人は他の人からの期待に応えようと頑張り過ぎます。それがものすごく大きなプレッシャーになります。さらに期待に応えることに失敗したら、自己評価も低下します。それで生きにくいと感じてしまいます。

- 優しい人は優しいので頼まれやすいです。そして、引き受けてしまいがちです。結局、その責任とプレッシャーが優しい人にのしかかります。それで生きにくいと感じてしまいます。

●優しい人は他の人のために自己を犠牲にしやすいです。でも、犠牲にしたからといって良い結末になるわけでもありません。そんなとき、自分の選択に後悔や無力感を感じたりします。それで生きにくいと感じてしまいます。

こうやって並べてみると、やっぱり優しい人って生きにくいなぁ、としみじみ思いますよね。私もだいたい思い当たるフシがいっぱいです。これが優しさゆえの「痛み」であり「困難」であると思っています。

「じゃ、やっぱり優しさって捨てたほうがいいじゃない……」

そう思いますよね。

いえいえ、そんなことないです。

逆に、優しさはそのままで、どうやってしなやかに生きていけばいいのかを考えればいいんです。いってみれば、優しいまま生き残るんです。

合わない考えかたを捨てよう！

死ぬ気で、とか、熱狂、とか疲れます

優しい心のままで、しなやかに生きるためには「優しい人のための考えかたや哲学」を身につける必要があります。普通の人の考えかたとか、ちまたの成功哲学などは、優しい人には合わないことが多いです。

たとえば、自己啓発なんかでよく聞きませんか？

「成功するためには、死ぬ気でやれ！」

「成功するためには、熱狂しろ！」

でも、優しい人は、そういわれても疲れるだけです。

自分の胸に手を置いて考えてください。「そんなこといわれてもなぁ」と思いませんか？　優しい人は、そんなに燃え上がって何かしたいと思わない人が多いです。

なぜ、そうなるのかというと、優しい人は、そうでない人と違って価値観やエネルギーの使いかたが異なるからなんですね。

優しい人は〝穏やかな性格〟なんです。

それはどういうことかというと、競争心が強くなくて、他の人との協力や調和を重視する性格だということなんです。そのため、「死ぬ気でやれ」といった厳しい言葉は、優しい人にとって適切なアプローチじゃないんですね。

「死ぬ気でやれ」というのは、自分を追い込んで、アドレナリン全開で突っ走れ、がむしゃらに無理してやれ、という意味です。そういうのに向いている人もいますよ。

それは否定しません。

でも、優しい人の大半はそうじゃないです。

だいたいの優しい人は、穏やかでのんびり生きたいと思っています。

それなのに、厳しい生きかたを求めるというのは、要するに「自分本来の性格を捨てろ」といわれているのと同じです。「自分じゃないことをしろ、自分じゃない人間になれ」と要求されているわけです。

そりゃ、自分じゃないことを押しつけられたら疲れます。「死ぬ気でやれ」は、そういう意味で、優しい人に合ってない考えかた、哲学です。

「成功するためには、熱狂しろ」もそうです。優しい人はみんなのんびりしています し穏やかですので、熱狂的な態度になれません。考えただけで疲れます。穏やかで、のんびりな状態を好む人は、要するに熱狂的なものには合わないんですね。

真逆といっても間違いではありません。

つまり、熱狂的な言葉や行動は、優しい人にはストレスを引き起こし、疲弊させる可能性があります。優しい人が持つ特性や価値観に合わない言葉やアプローチが、「死ぬ気でやれ」「熱狂しろ」なんです。

これは、優しい人には逆効果になる可能性が強いです。

だから、「死ぬ気でやれ」「熱狂しろ」といわれたら、ちょっと違うぞ、と思ったほうがいいわけです。

じゃ、どうすればいいの？

できれば静かにコツコツ、自分のペースで何かしたいと思いますよね？

それでいいんですよ。

優しい人は、死ぬ気でやらなくても、熱狂しなくても、納期を見つめつつ、自分のペースを守って、淡々と、着々と、やっていけばいいんです。

まわりがあれこれいっても、自分を見失わない。

焦らない。

コツコツやることで継続的に進歩して、じっくりと自分の能力を向上させて、精度も向上させて、信頼性を構築していく。

自分のやりかたをやるのが、優しい人にとって大切です。

優しい人は、自分を追い込んじゃいけない

優しい人は、極限まで自分を追い込んじゃだめです。

それも、性格や価値観に合わないからです。

「自分を追い込め！」って勇ましいですが、優しい人にとって不必要なプレッシャーやストレスがかかるだけなんですよね。

優しい人は穏やかであるのが基本です。

それなのに、無理に自分を追い込んだら、パフォーマンスがめちゃくちゃ下がります。自分を追い込んでパフォーマンスが上がる人もいますけど、優しい人は逆です。パフォーマンスが下がるんです。なぜなら、それは性格に合っていないからです。

わざわざパフォーマンスが下がることをやるって、馬鹿馬鹿しいですよね？

「自分を追い込め！」という言葉は、競争心を刺激します。

優しい人は競争じゃなくて、他の人のために尽くすことを好みます。自分を追い込むことよりも、協力や共感を通じて成果を上げることを重視します。

そのため、「自分を追い込め、追い込んでチカラを発揮しろ！」というやりかたは、優しい人にとっては自分の生きかたとは相容れないものとなるわけです。

自分を追い込んで何かするというのは、優しい人にとっては不自然で、疲れを生む要因となります。

もっと悪いこともあります。

優しい人は、「自分を追い込め！」といわれると、自分を過度に犠牲にし、無理な努力をしてしまうこともあることです。他の人の期待に応えようとし、自分を犠牲にすることも厭《いと》わないのが優しい人の特徴です。

優しい人は、それを無意識にやってしまいます。

それが持続的に続くと、疲れや疲労が蓄積されます。

優しい人はゆっくりと努力を重ね、協力と理解の中で成長したいと考えています。

だから、「自分を追い込め！」みたいな過激さには対応しづらいのです。優しい人にとっては、それは自己破壊の道ともいえます。

社会はしばしば、成功や競争を強調して、「自分を追い込め！」みたいな、過度な自己努力を価値あるものと見なします。このような社会的な期待とのギャップが、優しい人にとって自滅の要因となります。

結論は、こうです。

優しい人は、自分を追い込まなくてもいいです。

そして、そんなものを押しつける社会に迎合しなくてもいいです。

「自分を追い込め！」とプレッシャーをかけられても、「そんなことといわれても、私には無理ですよー」と、軽く、しなやかに拒否しましょう。

メンタルは強化とか疲れます

優しい人がやったらいけないことは、まだあります。

たとえば、「メンタルは強くないといけない！」と思ってませんか？

世の中はそれを強要してきますよね。

そういうのも、優しい人は真に受けないほうがいいです。優しい人が「メンタルを強化しろ」といわれて、素直にそれに応えようとしたら、逆にメンタルがだめになります。やっぱり、それも優しい人には合わないからです。ただ、合わないだけじゃなくて、ぜんぜん合わないのが問題です。

優しい人は自分を振り返って考えてみてください。

これまで、メンタルを強化して物事を解決したり、成り上がろうというアプローチを取ってうまくいったでしょうか？「メンタルを強化しろ」と強要されたら、必死で努力して最後には「うぅ、私ってメンタル弱めかな？」と落ち込んだりしていませんでしたか？

そうなんですよ。

優しい人は何かの問題にアプローチするとき、自分のメンタルを強化して立ち向かうんじゃなくて、自分や他の人との〝関係〟を通して、まわりに協力を仰いだり、お願いしたり、相談したりして、問題に取り組むんですよね。

優しい人は自分や他の人との関係を通じて成長し、精神的な健康を大切にしたいと考えています。だから、「自分自身のメンタルを強化する」という手法は「自分向きではない」と感じるわけです。


優しい人＝まわりと協力し、良い関係の中で物事を解決する。

強メンタルの人＝自分が強くなって、自分で物事を解決する。


ぜんぜん、方向性が違いますよね。

優しい人は穏やかな性格を持ち、ストレスの少ない環境を好みます。そして、対人関係や協力を通じて、安定感や幸福を見つけることを大切にしています。これって、優しい人の多くが自然とやってることなんですよね。

それを磨くほうがいいんです。

「メンタルを強化しろ」という言葉は、優しい人に対してまったく合わないアプローチを強要して、不必要なプレッシャーを強いるものなんです。優しい人の持つ性格や感受性を無視してます。

でも、優しい人はそういわれると、どうしても人の期待に応えようとして、自分を犠牲にするわけです。つまり、無理してメンタルを鍛えようとするわけです。それで、結果的に自分のメンタルを壊してしまい、すべてがだめになってしまいます。

じゃ、どうすればいいのでしょうか。

やはり、ここで必要なのは「気づき」です。

メンタルを強化するという方法は自分には合わない方法だと気づくことも必要ですし、べつに世の中の諸問題を解決するために、自分のメンタルを強くする以外にもいくらでも方法があるって気づくことも必要です。

優しさを捨てなければならないものは、みんな「合わないもの」であると気づいて、それを注意深く避けて、自分に合った別のやりかたを見つけるのが大切なのです。

優しい人は、メンタルを強化しなくても大丈夫です。

心配しなくても、大丈夫です。

優しさを捨てるよりも、優しさを生かす戦略を考えればいいんです。

ずる賢くなれといわれても、無理です

よく「今の時代、ずる賢く生きないと損する」といわれますが、優しい人は、そもそもずる賢く生きることが性格に合っていないので、ずる賢くなれませんよね。ずる賢くなれないのに、それを身につけようとするのも、無駄な努力です。ずる賢くなろうとすればするほど、自分を見失うことになります。

成功しても、いやな気持ちが続くだけです。

わざわざ、ずる賢くなっていやな気持ちになるなんておかしいです！

自分を見失いたくなければ、自分の性格に合わないことはしないことです。

つまり、ずる賢く生きようとしないことが大切なんですよね。

ずる賢いことや、巧妙な騙しみたいなことをやって生きても、それは短期的には何

らかの利益があるかもしれませんけれど、長期的な幸せや満足感にはつながらないです。もしかしたら、鈍感な人は他人を騙したりずる賢いことをしたりしても鈍感すぎて、何も感じなくていいのかもしれません。

でも、優しい人は絶対にそういう「鈍感力」は持てません。

たとえば、道ばたで財布を拾って、その財布に3万円が入っていたとします。ずる賢い人は3万円を自分のポケットにいれて「儲かった！」とよろこぶかもしれませんけれど、優しい人は「落とした人はきっと困ってるはずだ」と気の毒になって交番に届けると思います。

この3万円を自分のポケットに入れても、誰も見てないので自分のものになるとわかっていても、ずる賢くなれないんです。それよりも、きちんと交番に届けて、困っている人が助かる場面を想像したほうが、気持ちが晴れるんですよね。

3万円を自分のモノにしてしまうよりも、困っている人が助かるほうが優しい人にとっては幸せなんです。こうした正直さや信頼は、優しい人がもともと持っているものなので、努力する必要もなく発揮できます。

そして、それこそ人との関係や社会全体において信頼を築く上で不可欠なものなんです。正直さや誠実さは、他者とのあいだに深い絆を築き、人々を結びつける力を持っています。誠実さがあれば、人々はお互いを尊重し、支え合うことができます。

優しい人は、まさにそれが得意なんです。そして、誠実さを基本として人間関係が成り立ったとき、優しい人は「良かったなぁ、幸せだなぁ」と思います。

つまり、優しい人は天性の誠実さを磨けば得するわけです。

それだったら、ずる賢く生きるほうを目指すんじゃなくて、ずる賢く生きないほうを選んだほうが絶対にいいに決まってます。3万円が自分のモノにならなくても、お金で買えない信頼が返ってきます。

ここまで話すと、だいたい優しい人の目指す方向が見えてきたんじゃないでしょうか。そうなんです。優しい人は「優しい」というのを磨いたほうが自分らしいし、無理がないし、自然だし、得するんですよね。

「優しさをいかにうまく活用するか」が、優しい人の正しい生きかたですね！

優しい性格を生かした生きかた

むしろ「優しいほうが正しい」と気づく

優しい人が無理してしまうのには理由があります。

それは、「世の中は厳しいし、社会はますます悪くなっていくし、まわりの人はギスギスしているし、もう優しいだけじゃ生きていけない」と思っているからです。

強くなったり、攻撃的になったり、心身を鍛えないと踏みにじられると思ってしまっているからです。

本当はそんなことはないのですが、世間は「強くなるのが正しくて、優しいと損する」という〝洗脳〟をかけてきていますので、優しい人は自分の優しさが欠点だと思ってしまいがちです。でも、それは間違った洗脳なんですよね。

はっきり、自覚しましょう。

優しさに価値がないというのは間違いです。

優しさは、どう考えても素晴らしい資質です。

それを、まず「全肯定」してみてください。

だって、仕事するにしても、私生活でつき合うにしても、自分のことしか考えていない人や、やたら誰にでも攻撃的な人や、いつもずる賢く立ち回ろうとしている人と一緒にいたいですか?

そんなことないですよね。

協調性があって優しい人と一緒に仕事したり私生活で過ごしたりしたいはずです。自分勝手な人だって、一緒にいたい人は優しい人だったりします。なぜなら、優しい人は一緒にいて安心できるからです。自分は優しくないのに、相手には優しさを求めてるわけです。滑稽ですが、事実です。

なぜ、そんなことになるのかというと、やっぱり「優しさは素晴らしい資質」に他ならないからですね。

だから、優しさは「どう考えても素晴らしい資質」ことに気づいて、それを自覚し、受け入れることで、より充実した人生を構築することができます。

優しいって、実際すばらしいと思いませんか？

みんな思いやりがあって、優しい人ばかりだと、暮らしやすいと思いませんか？

みんなが優しければ、それは天国の暮らしになりますよね？

優しい人は、その優しさを生まれつき持ってます。

努力して手に入れたものでもなく、気づいて手に入れたものでもなく、天性のものとして最初から「備わっていた」わけです。世の中を天国にするための気質を最初から持っているのが「優しい人」なわけです。そうであれば、それを捨てるというのは、世の中を地獄にするということでもあるわけで、それはおかしいです。

みんな優しければこの世が天国みたいになるのであれば、むしろ優しいほうが正しいんです。だから、優しい人は、その優しさを受け入れて、さらには優しさをうまく使って生きるのが社会の役に立ちます。

優しい人は自信を持って、他の人との共感や協力を大切にして生きればいいわけです。それが自分にとって心地良いことだし、社会を良くするための一歩になるのだから、ぜんぜん悪くありません。

だから、あなたは自信をもって、優しい性格を受け入れて生きたほうがいいです。

自分の優しさを否定したり、変えようとしたりすることは、自己評価や自尊心に悪影響を与えるのだから、それは今すぐにやめたほうがいいです。自分を受け入れることで、ポジティブな自己イメージが築かれ、心の安定が促進されます。

優しさは悪くない。
↓
優しい性格は変えられない。
↓
だから、優しいまま生きてゆく。

優しい人は、これを戦略的に行うのが重要なのです。

自分の優しさを否定するのはデメリット

優しい人は、優しさを捨てられません。
なぜなら、優しいというのは生まれつき持っているものだからです。
そうであれば、まずやるべきことはひとつです。

自分の優しさを、とことん受け入れる。


もう優しい性格は変えられないんだから、受け入れるしかないです。

それは悪い話じゃないです。

むしろ、良い話です。

他の人とのコミュニケーションや協力において、自分の優しさを理解し、受け入れることで、より深いつながりや信頼を築くことができるからです。何度もいいますけれど、優しさは優しい人の武器になります。


優しさは安心感を勝ち取る武器です。

優しさは信頼を勝ち取る武器です。


優しい人の優しさには「裏がない」ので、相手に安心感や信頼を与えます。それは、良好な対人関係の土台を築くことになります。

逆に、自分の優しさを否定してしまうと、他の人とのコミュニケーションが難しくなり、孤独感やコミュニケーションのストレスが生じます。わざわざ、自分の優しさを否定するのはデメリットなわけです。

優しい人が自分の性格を受け入れることは、仕事や学業においても絶対にプラスになります。なぜなら、社会はコミュニケーションで成り立っているからです。「みんなで何かする」という協力やチームワークが必要な環境では、優しい人が持つコミュニケーション能力や協力性が大きな強みとなります。

自分の優しさを理解する。
↓
優しさを受け入れて磨く。
↓
優しさを発揮する。

これで、まわりにもポジティブな効果を生み出せます。

逆に自分の強みである優しさを抑えたり、無視したり、隠したりしてしまうと、自分がぎくしゃくするだけでなく、他の人との協力が難しくなり、働きやすい環境を構築するのが難しくなるわけです。

優しい人が優しさを発揮しないというのは、武器を持たないで戦うことに等しいのですね。だから、もう全面的に優しさを受け入れて下さい。

完全に開き直って、自分の優しさを100％受け入れることで、逆に自分を発揮して伸びていけるということに気づいてください。

そう思ったら、急にストレスが減るような気がしませんか？　そういう気持ちになって当然です。だって、それが本来の自分の偽らざる性格なのだから。

〝優しさを使う〟ことでストレスが消えます！

親切＝優しい人が無理なくできる戦略

優しい人は、優しい性格を武器にしましょう。

はい、楽になりましたよね。

じゃ、優しい性格を生かした生きかたをするには、具体的にどうすればいいのでしょうか。いろいろありますけど、私がいつも人にアドバイスするのは、これです。

「親切をばらまく戦略でいこうよ！」

これ、優しい人にとっては、すごく楽しいですよ！　だって、他の人への小さな親切をするというのは、優しい人にとって無理なくできる戦略だし、やればやるほど優しい人にとっては幸せを感じるからなんです。

でも、すごい大きなことをする必要なんてまったくありません。むしろ、逆ですね。

ちょっとしたことでいいんです。無理なくできる小さな親切っていっぱいあります。

いつも、にこやかにしておく。
公共の場で誰かに席を譲る。
隣人の荷物を持つ。
朝の挨拶を心からする。
誰かが話しているときに注意深く聞く。
ドアを開けるときに後ろにいる人に手を差し伸べる。
コーヒーを買うときに、一緒にいる人の分も買ってあげる。
道を尋ねられたら、ていねいに説明する。
チームのメンバーが忙しいときに手伝う。
友だちや家族に励ましの言葉をかける。
不要な衣類や食べ物を寄付する。
公共の場でゴミを拾う。

お店で行列に並んでいるときに、前の人に「お先にどうぞ」と申し出る。
雨の日、傘を持っていない他の人に傘を貸す。
誰かの誕生日を覚えてお祝いする。
ペットの飼い主がいない犬や猫に声をかけて撫でる。
交差点で歩行者に道を譲る。
友だちや家族が悲しんでいるときに一緒にいて話を聞く。
人々の名前を覚えて使う。
笑顔で他人と接する。
子どもや動物に優しく接する。

これは一例で、他にもいろいろあると思います。
これって、優しくない人はできないし苦痛なことなんですけれど、優しい人は普通にできてしまうことですよね。ということは、「親切をばらまく」というのは、優しい人にとっては、使える戦略であるということができます。

そもそも、優しい人は優しくできる機会があったら、すごく心地良い気分になりますよね。だから、「親切をばらまく戦略」は、優しい人の特権として積極的にやったほうがいいです。

自分の気分が良くなるし、自分のまわりを自分にとって有利に変えられるし、社会も良くすることができます。

これは、すごいメリットです。

優しい人はアピール力が足りない？

「親切をばらまく戦略」は、趣味にしてもいいと思います。

優しい人ならではの、自分にも社会にも良い影響しかない行動だからです。それは、誰かに褒めてもらうためでも、見返りを強要するものでもなくて、ただ優しい人が自然にしてしまう無意識の行動なんです。

それで世の中が多少なりとも明るくなるのであれば、もう意識的に親切をばらまくのを趣味にしてしまったほうがいいです。

知っている人にも、あるいは見知らぬ人にも、ちょっとした親切をばらまく〝訓練〟をすることによって、優しい性格が磨かれてもっと洗練されていきます。優しい人が社会で生きるための武器が磨かれていきます。

それなら、やらないと損です。

優しさにはさまざまな形があります。優しい人の優しさはいろいろなんです。どんな優しさであれ、とくに見返りなく小さな親切を自然にすることで、かかわった人々の心に温かさをもたらします。そして、優しい人の優しさが評価されて、どんどん生きやすくなるのです。

よく、「優しい人はアピール力が足りない」とか、「積極性が足りない」とか、「印象が弱い」とか、いろいろいわれます。でも、ぜんぜん気にしなくても大丈夫です。「親切をばらまく戦略」は、自分が優しい人間であることを知ってもらうための強力なアピールにもなっていますので。

親切をばらまく＝強力なアピール

それは理屈じゃないんですよね。

相手の心の奥底にじーんと染み入るものです。

たとえば、どんなに順調に見える人でも、だいたい困った状況や、悩みや、ストレスを抱えてます。そんなときに、自分が優しさを示すことで、相手の心の支えとなったり、希望を与えたりすることができます。

たとえば、仕事でのプレッシャーや家庭の問題に悩む友人に、黙って話を聞いてあげたり、慰めの言葉をかけてあげるだけでもいいのです。

そうすると、それが相手の心に染み入るわけです。優しさがとても強い印象になって、下手に悪目立ちする人よりも、ぐっと相手の心をつかみます。小さな親切は人間関係をめちゃくちゃ深める「きっかけ」になるわけです。

そして、優しい人の優しさって演技じゃないので、自分のことを知ってもらえればもらうほど信頼関係が深まって、相手にとって「かけがえのない人」になっていきます。やっぱり、優しさを磨くのは優しい人にとっても武器になるんですよね。
そして、優しさを知ってもらったことによってできた人間関係というのは、優しい人にとっても心地良いものなんです。なぜなら、人は自分が優しくされていると感じると、自然と相手に対しても同じように優しさを返したくなるものだからです。

優しくすると、相手の優しさが返ってくる。

これって、優しい人にとっても理想ですよね。見返りを求めずにおこなわれる優しい言動は、相手に安心感を与え、お互いの絆を強める要素となります。
これによって、信頼の基盤が築かれて、長期間にわたって持続的な友情や協力関係が構築されていきます。だから、優しい人はいっそのこと「親切をばらまく戦略」を趣味にしてしまっていいと思います。

優しい人はまわりの人を大切にする

優しい人が優しさを自覚して、それを武器にすると、それが自分のアピールになり、さらに相手からも信頼が返ってきます。あるいは、自分の環境を安心な環境に変えることができるようになります。

それによって、優しい人はより豊かで充実した人生を手に入れることができるわけです。優しさって、けっこう馬鹿にできないものなんですが、誰もそれが自分の人生を切り拓くものになると考えないのは、自分自身がそれを意識していないからです。

だから、優しさは武器であることを自覚するためにも、ふだんから「親切をばらまく戦略」を実行していたら、それが磨かれるのと同時に、優しさの持つチカラも自覚できるようになっていきます。

そして、まわりの人がかけがえのない人になっていくわけです。

優しい人にとって、「まわりの人を大切にする」というのは誰に教わるわけでもなく、人生の基本方針となっています。重要なのは、それが自分の武器になるということを知ることに尽きます。

優しさは武器となる。
↓
優しさという武器を使って人生を切り拓く自覚を持つ。

まわりの人を大切にして、自分を大切にしてくれる人でまわりを囲むと、どうなるのかというと、それが自分を守る「城壁」にも「堀」にもなります。

それを存分に発揮するためには、「優しさを自分の武器にして、自分のまわりを優しさエリアにする」という明確な意志が必要になります。自分は優しいのが取り柄なので、その優しさをとことん活かして生きるという意志がないと、自分の持っている武器も気づかず、それの使いかたもわからず、結局は中途半端になってしまいます。

優しい人は「優しさの使い方」を覚えるべきなんですね。

優しさでつながった人たちをネットワークにして、それで自分を囲み、自分の生活を守るという発想は、簡単に見えますけど、「優しさを武器にする」という発想がなければ気づかないことなんです。

社会でいきるためには、人は誰かとつながっています。

そのため、誰とつながるとベストなのか考える必要があります。優しい人は、誰とつながるとベストなのかというと、同じ優しい人なんですよね。じつは「優しさをばらまく」戦略では、その優しさに優しさを返してくれる人がいるので、優しさを中心にすえた人間関係が生まれます。

優しい人は、その優しさに共鳴した人との人間関係を強化していくことで、自分の力を広げていくという生きかたができるんです。

それって、わくわくしませんか?

だって、優しい人に囲まれて生きていけるんですから。

優しい人が不幸にならないために

優しい人はつき合う人を限定しよう

優しい人には、同じ優しい人とのつながりが快適です。

そして、優しい人は、同じ優しい人と一緒にいることでリラックスできます。その関係の中で幸せを感じます。逆にいうと、そうでない人と一緒にいると、緊張を強いられ、うまくいかないわけです。

優しい人は、その優しさゆえに誰とでもうまくつき合っていかないといけないと思ったり、耐えなければいけないと思ったり、自分を変えなければいけないと思ったりしてしまいます。

でも、それって「ぜんぶ間違い」なんです。

優しい人が優しいのに不幸になってしまうのは、そこを間違っているからなんです。

優しい人ほど、つき合う人を限定しなければいけません。

ここで「えっ！」と思った人もいるかもしれません。だって、優しいというのは、どんな人でも受け入れられる包容力を持ちたいと願っているからです。わけ隔てなく、いろんな人とうまくやっていきたい、相手がどんな人でも受け入れてあげたい、と思ってしまうのが優しい人の特徴です。

だから、本当に優しい人であればあるほど「つき合う人を限定しなければいけない」と聞くと、「あれっ」と思ってしまいます。でも、これってすごく重要なことなので、ぜひ覚えておいて欲しいのです。

優しい人ほど、つき合う人を限定しなければいけません。

それは、自分が不幸にならないためです。

自分が不幸になってしまっては、誰かに優しくする余裕もチカラも失ってしまいます。自分の心が疲れ果て、傷ついてしまえば、他人の痛みに寄り添うことさえ難しくなってしまいますよね。だから、自分の幸せを守ることは、他人への優しさを守ることにもつながるのです。

でも、これってけっして人間関係を狭めるということではありません。

むしろ、質の高い、お互いを大切にし合える人との関係を築くということなんです。

自分を理解し、尊重してくれる人々と過ごす時間は、私たちの心を豊かにし、優しさを育む源となります。

そういった関係性の中で、優しい人は日々の安心感を得ることができますし、自己肯定感も高めることができます。自分を大切にする人々に囲まれることで、私たち自身も自分を大切にすることを学べるのです。

もちろん、新しい出会いや関係を完全に閉ざすべきではありません。ただ、その関係性が自分にとって健全なものかどうか、つねに意識する必要があります。相手の言動や態度が自分の心を傷つけたり、エネルギーを奪ったりしていないか、注意深く観察することが大切なんですよね。

ちょっと悲しいことなんですけど、もしかしたら長年の友人や、家族との関係性を見直す必要があるかもしれません。それって簡単なことではありません。でも、自分の幸せと心の健康のためには、ときに必要な選択となることもあります。

優しいことは素晴らしいことなんです。だから、その優しさを持続可能なものにするために、自分自身への優しさも忘れてはいけません。

自分を大切にし、つき合う人を限定し、心地よい関係性を築くことで、私たちはより深い、より純粋な優しさを他者に与えることができるのです。

そして、自分を大切にすることを学んだ私たちは、他の優しい人々にも同じことを伝えることができます。

「あなたの優しさは素晴らしい。だからこそ、その優しさを守るために、自分自身も大切にしてね」と。

優しい人は断り方を学ぶ

優しいってすごいことですよ。他の人への思いやりがあるなんて、こんな心地良いことってないです。でも、残念なことに、「その優しさが逆に他人に利用される元になってしまう」というのが優しい人の永遠のテーマですね。

他人に利用されやすいという問題は、多くの優しい人がみんな経験することだと思います。

私自身も、本当にこの問題には悩んできました。

上司や、同僚や、場合によっては赤の他人くらいの人までの、あらゆる人の頼みを断れず、自分の時間や労力、ときには金銭的な負担まで背負ってしまうことがあったんです。

「ノー」といえませんでした。

それは気まずいし、相手を傷つけることだと思い込んでいたのです。でも、そんな日々を続けるうちに、自分自身が疲れ果て、本当に大切な人たちにさえ優しくできなくなってしまっていました。そこで気づいたんですね。

優しさを維持するためには、「断る」ことを学ぶ必要があるなぁ……。

これって、自分を守るためだけでなく、本当の意味で「他人に優しくあり続けるため」に欠かせないスキルなんです。

じゃ、どうしたら優しさを失わずに断ることができるのでしょうか。

まず大切なのは、断ることはけっして悪いことじゃないと理解することです。

相手の要求を断ることは、自分自身を大切にすることであり、それはけっして利己的なことじゃないんです。自分の限界を知り、それを尊重することは、長期的に見れば、より多くの人々に対して優しくあり続けるための基盤となります。

だから、断り方を学ぶことってすごく重要です。

ここで大切なのは、相手の気持ちを考慮しながらも、はっきりと自分の立場を伝えることです。

「本当にごめんなさい！　ちょっと無理そうです！」

「今はできそうにないです、すみません」

「私には難しいかもしれません。申しわけないです」

「もうしわけないです。他の人に頼んでみてください」

「私にはできませんが、こういった方法はいかがでしょうか」

「今はちょっと忙しくて難しいです」

「その日はどうしても外せない用事がありまして。すみません」

「今は他のことに集中していますので、また次の機会に！」

思いやりを込めて、相手を尊重しつつ、そうやって断ることができます。

たしかに、断るって優しい人にはとても勇気がいることなんですよ。

でも、一歩を踏み出すことも大切ですね。

他人に利用されないためには、自分自身の気持ちに正直になることです。断り切れずに無理をして引き受けてしまうと、結局は中途半端な結果になってしまいがちです。それは、相手にとってもけっして良いことではありません。

自分にできることと、できないことをしっかりと見極め、それを素直に伝えることが、真の優しさにつながります。

断る際には、相手の反応を恐れすぎないことも大切です。

中には、あなたの断りを受け入れられない人もいるかもしれません。でも、それは相手の問題であって、あなたの責任ではありませんよね。自分の決定に自信を持ち、毅然とした態度を保つことも重要です。

でも、相手が怒ったり、押しつけたり、強硬に出てきたら？

そのときは相手との関係性を見直す必要が出てくるかもしれません。あなたの優しさを当たり前のように利用しようとする人がいれば、その関係性を続けるべきかどうか、慎重に考える必要があります。

自分を大切にできる関係性こそが、真の友情や信頼関係の基盤となるのです。

優しさを維持しながら断ることを学ぶって、簡単ではないと私自身が一番よく知ってます。相手に断りつつ、ちょっと罪悪感を感じたり、自分の決定に迷ったりすることもいっぱいありますよ。心も揺れ動きます。でも、それは成長の過程だと思っています。

一歩一歩、自分なりの方法を見つけていけばいいのです。

絶対に忘れてはいけないのは、「自分自身への優しさ」です。

自分を大切にすることが第一であって、それは利己的なことではありません。

むしろ、自分を大切にできる人こそが、他人にも真の優しさを示すことができます。

優しい人であることは、この世界にとってかけがえのない贈り物です。だからこそ、断るって、すごく重要なんです。

優しい人は自分を責めるのをやめよう

優しい人ほど、他人を失望させてしまったり、断ってしまったりしたときに自分を責めてしまうクセがあるんです。

これは、とても素敵な性格の裏返しでもあるのですが、それによって自分自身を苦しめてしまうこともあります。でも、大丈夫です。このクセも、少しずつ直していくことができるんですよ。

まず、このクセがなぜ生まれるのか、考えてみましょう。

優しい人は、他人の気持ちをよく理解し、相手の立場に立って考えることができます。それは素晴らしい能力です。でも、その能力が高すぎるがゆえに、相手の気持ちを想像しすぎてしまうこともあるんです。

「きっと相手は傷ついているに違いない」

「私のせいで相手が困っているかもしれない」

「あんないいかたをして嫌われたかもしれない」

「私が断って、もしかして怒ってるかもしれない」

そうやって、実際以上に相手の気持ちを推しはかってしまいます。

そして、その想像が自分を責める気持ちにつながっていきます。

「もっと上手く対応できたはずなのに」

「相手の期待に応えられなくて申し訳ない」

そうやって、自分を責め続けてしまうんですね。でも、ちょっと待ってくださいね。

本当に自分を責める必要があるのでしょうか？


じつは多くの場合、相手はそこまで深く考えていないことが多いです。私たちは自分のことを中心に考えがちですが、他の人も同じように自分のことで頭がいっぱいなんですよね。

つまり、私たちが気にしているほど、相手は私たちの行動を気にしていないかもしれません。それに、たとえ相手が少し残念に思ったとしても、それは人生の中のほんの一瞬のことでしかないです。

そのあと、別のことで気がまぎれたり、新しい出来事が起こったりして、すぐに忘れてしまうものなんです。私たちが何日も何週間も気にしていることを、相手はもう覚えていないかもしれません。

そう考えると、少し肩の力が抜けませんか？

私たちは完璧である必要はないんです。

そりゃ、人を失望させてしまうこともあるし、断らなければならないこともあります。それは、私たちが悪い人間だからではなく、ただ人間だからなんです。

では、このクセを直すために、どんなことができるでしょうか。


やっぱり、基本は自分を大切にすることから、です。

最初は難しく感じるかもしれませんが、練習を重ねるうちに、だんだん楽になっていきますよ。そして、自分の価値は他人の評価や感情で決まるものではないということを、心に留めておいてください。

私たちは、誰かをよろこばせるためだけに存在しているわけではないです。

私たちには、私たち自身の人生があり、あなたにはあなた自身の幸せを追求する権利があるんです。　完璧なんか求めすぎないで、自分を責めず、むしろ自分を優先できたことを褒める必要があります。

「やりたくないことを断ることができた！　自分ってすごい！」

そうやって褒めてください。　それが、成長につながります。

何はともあれ「断ることができた」というのは、むしろ素晴らしい経験になります。

他人のために尽くすことは素晴らしいことですが、自分自身を犠牲にしてまで行う必要は、ぜんぜんないです。優しさを、自分自身にも向けてみてください。

人間関係は複雑で、いつも完璧に対応することは不可能です。

でも、それでいいんです。優しさを自分自身にも向けることを忘れないでくださいね。自分を責めすぎず、自分を許し、自分を大切にする。そうすることで、他人にも、より深い優しさを示すことができるようになるんです。

優しい人なら戦わない選択をする

優しい人が討論で使える10の言葉

優しい人でも、討論とか話し合いが必要だったりします。

そういった対立的な局面は優しい人の心に、すごく大きなストレスを与えます。でも、社会で生きている以上は、そういう場にも慣れる必要もあったりしますよね。ときには意見の相違が生じる場面もあります。

相手には相手の意見がある。

こちらにはこちらの意見がある。

お互いに激しく主張することもできますが、優しい人は「表現方法」を工夫しないと押し切られてしまうかもしれません。優しいので、どうしても相手に押し切られてしまうんですよね。

そんなとき、どのように対応すればいいのでしょうか。

私が大切だと思うのは、討論などでは、優しい人が使える「表現方法」があるので、それを覚えて、自分なりに試していくのが有効だということです。

いくつかあります。

「あなたの意見には一理ありますね」と相手の意見を認めることからはじめるのが基本です。この一言で、相手は自分の意見が聞き入れられたと感じ、心を開いてくれるかもしれません。

また、「その考えかたも面白いですね」ということで、相手のアイデアを肯定的に評価することができます。これで相手の自尊心を傷つけることなく、建設的な対話を続けることができます。

「そういう視点も考慮する必要がありますね」といって、相手の意見を議論に取り入れる姿勢を示すのも良いですよ。これにより、お互いの意見を尊重し合える雰囲気が生まれます。

「たしかに、そういう見方もできますね」という言葉は、相手の視点を理解し、受け入れる姿勢を示しています。

「あなたの意見を聞いて、考えが広がりました」と伝えることで、相手の意見が自分にとって価値あるものだったことを示すこともできます。これは、相手の自信を高め、さらなる対話を促進することにつながります。

「その点については、私も考えさせられます」という言葉は、相手の意見が自分に影響を与えたことを認める謙虚な態度を示しています。この姿勢は、相互理解を深める上で非常に効果的です。

「なるほど、そのように考えるのも理解できます」ということで、相手の立場に立って考えようとする姿勢を示すこともできます。

ときには、「あなたの意見を尊重しますが、私の考えもお伝えしたいです」と、自分の意見もていねいに伝える必要がありますよね。これは、相手を尊重しながらも、自分の立場も明確にする良いバランスの取りかたです。

「その視点は新鮮ですね、ありがとうございます」と感謝の気持ちを伝えることで、相手の貢献を認め、前向きな雰囲気を作り出すことができます。「私もその点については興味があります」と共通の関心事を見つけることで、対立ではなく協力の可能性を探ることができます。まとめると、こういう感じです。

「あなたの意見には一理ありますね」
「その考えかたも面白いですね」
「そういう視点も考慮する必要がありますね」
「たしかに、そういう見方もできますね」
「あなたの意見を聞いて、考えが広がりました」
「その点については、私も考えさせられます」

「なるほど、そのように考えるのも理解できます」
「あなたの意見を尊重しますが、私の考えもお伝えしたいです」
「その視点は新鮮ですね、ありがとうございます」
「私もその点については興味があります」

こうやって、相手を尊重する言葉を使いながら対話を進めていくことで、論争や対立を避け、お互いを理解し合える関係を築くことができます。

このような言葉で議論するのは、けっして弱さではありません。むしろ、相手の立場を理解し、自分の意見もていねいに伝える強さなんです。こういういいかたを学ぶと、優しい人特有の「しなやか」な話し合いができます。

自分の優しさを崩さないまま討論の場にいるって、ときに難しく感じるかもしれません。でも、いいかたを覚えるだけで建設的な話し合いもできると思います。

優しい人は相手を論破しなくてもいい

最近、よく「はい、論破！」とか「論破してやる」というのがはやっていますね。

でも、それって正しいのでしょうか？

ある飲み会で論破の話になったのですが、私の仲の良い知り合いは、ビールを飲みながら、「ねぇ、相手を論破する必要ってないよね。論破したって相手は恨みを持つだけだし、だいたい論破って屁理屈なことも多いよ」といって、まわりは「ほんと、そうだよなぁ」と納得していました。

私自身も「そうかもしれないなぁ」と、深く考えさせられました。

たしかに、議論の場で相手をいい負かすことには、議論に勝ったというよろこびを感じる瞬間があるかもしれません。

でも、そんな勝利の後味は、意外と苦いものです。相手の気持ちを傷つけてしまったり、関係性にヒビが入ってしまったりすることがあるからです。そして、優しい心を持つ人は、そんな状況に自分自身も心を痛めてしまうのです。

私も相手を論破してしまったら、気持ちよくなるよりも、ちょっとイヤな気持ちになってしまうと思います。

じゃ、どうしたらいいんでしょうか。

最初から論破なんか考えなくてもいいんです。

とくに優しい人は、相手を論破しようなんて思わないほうがいいです。優しい人は、論破できる能力やカードを持っていたとしても、相手を打ち負かしたらかわいそうだという気持ちが優先してしまって、カードを切りたくないと思ってしまいます。

もちろん、誰でもそうだと思うんですけど、私たちは「自分の意見や考えを相手に理解してもらいたい」と強く願うときがあります。でも、だからといって相手に自分の意見を一方的に押しつけたり、相手を思いっきり「論破」しても、相手はたぶん心の中ではすごく反発を持つと思うんですよ。表面上は同意してくれたように見えても、本当の理解や共感は得られないのです。

お互いの関係性にも良い影響は与えられないです。

むしろ、永遠に関係が壊れてしまうきっかけになってしまいます。

それなのに論破することに意味はあるのでしょうか。

やっぱり、優しい人は論破とか目指してはいけないないし、そんなことをしても意味がないと思います。

それよりも、お互いの思いをゆっくりと聴き合い、相手の立場に立って考え、その人の気持ちや背景を理解しようと努めることが大切ですよね。もしかしたら、それで新しい発見があるかもしれません。

建設的な対話というのは、一緒に花を育てていくようなものかもしれません。それぞれが持つ知恵や経験という種を、互いの理解と尊重という肥沃な土壌に植えつけ、思いやりという水でていねいに育てていく。そうすることで、きっと素晴らしい解決策や合意という花を咲かせることができるのではないでしょうか。

お互いを理解し、協力関係ができればできるほど大きな花が咲きます。

もちろん、意見の相違や対立は避けられないこともあります。

でも、そんなときこそ、相手を打ち負かすのではなく、共に歩み寄る姿勢が大切だと思うんです。「私の意見が正しい」という固定観念から離れ、「お互いに学び合える」という柔軟な心で接することで、思わぬ発見や成長の機会が訪れるかもしれません。

じつは、これができるのは「優しい人だけ」だと思います。

相手の気持ちを理解し、寄り添うことができるのは、優しい人の得意技なんです。

逆に優しくない人はそれができません。

優しい人だけができます。

だから、優しい人は、優しい人だけが持つ特質を活かしたほうが絶対にいいです。

論破することで得られる一時的な優越感よりも、互いを尊重し合える関係性を築くことのほうが、長い目で見ればずっと価値があります。だからこそ、ひとつひとつの出会いや会話を大切にし、相手の心に寄り添いながら、自分の意見も理解してもらい、共に成長していけたらウィンウィンですよね。

結局のところ、人生で本当に大切なのは、誰かに勝つことではなく、互いに支え合い、高め合える関係を築くことなのではないでしょうか。

臆病って、じつは最強なんです！

優しい人は、そもそも最初から「他人をいい負かそう」「論破してやろう」なんか思いませんよね。相手の気持ちを傷つけたくない、相手の立場に立って考えたい、そんな思いが先に立つからです。

だから、論破しようとするほどのアドレナリンが湧いてこないんですね。

むしろ、優しい人は「自分がいい負かされるんじゃないか」と恐れを抱くことさえあります。自分の意見を主張することで、相手を不快にさせてしまうのではないか、関係を壊してしまうのではないか、そんな不安が心の中にあるのです。

でも、これって本当は素晴らしいことなんです。

なぜなら、こういった思いやりの心が、人と人とのつながりを大切にし、社会を優しくしているからです。

でも、こういう優しさを「臆病だな」と捉える人もいます。優しいというのは素晴らしいことなのに臆病だと否定的に捉えるんです。優しい人も「自分は臆病なんだ」と自嘲する人がいっぱいいます。でも、安心してください。びっくりするかもしれませんが、臆病ってけっして悪いことじゃないんですよ。

むしろ、臆病って最強なのかも……。

私たちは往々にして「臆病」を否定的に捉えがちです。でも、じつは自然界では「臆病な個体が生き残ってきた」という事実があるんです。危険を察知して逃げる、無謀な行動を避ける、慎重に行動する。これらはすべて「臆病」な性質から生まれる行動です。でも、こういった行動が、私たちの祖先を危険から守り、種の存続を可能にしてきたのです。

つまり、「臆病」はけっして悪いことじゃなかったんです。

むしろ、生き抜くための大切な知恵でした。

現代社会においても、慎重さや用心深さは、いろんなリスクから私たちを守ってくれています。だから、もし自分が「自分って臆病だからなぁ……」と落ち込むことがあれば、それは自分を守るための素晴らしい能力なんだと、前向きに捉え直してみてください。実際、臆病な人のほうが最後まで生き残れます。

臆病って、最強なんです！

「優しさ」と「臆病さ」。この二つの特性は、とても近い関係にあるのかもしれません。どちらも、自分や他者を大切に思う心から生まれているからです。

私たちは誰もが、強くなりたい、勇敢でありたいと思うことがあります。

でも、勇敢であるということは戦って怪我しやすいということだし、日々リスキーなことをしやすいということだし、死にやすいということなんです。動物のオスはメスよりも勇敢かもしれませんけど、勇敢なオスはメスよりも寿命が短いです。

だから、臆病であればあるほど、生き残れる確率が高まります。

優しい人は「自分は臆病だなぁ」と思うかもしれませんけど、臆病って「最後まで無傷で生き残れる確率が高いよ」ということなんですね！

そしたら、べつに無理して勇敢になる必要なんかないわけですね。

そういうのは、そういう人たちに任せておけばいいんです。

優しい人は優しい人なりの生きかたをすればいいですね！

自分の中にある「優しさ」や「臆病さ」を認め、大切にすることも必要です。これによって、優しい人は誰よりも生き残れる確率が高まりますし、思いやりのある仲の良い友だちもできますし、それが豊かな人生を作る源となるからです。

自分の中にあるありのままの感情を受け入れること。

それが、本当の意味での強さなのかもしれません。今日からは、自分の中にある「優しさ」と「臆病さ」を、少し違った視点で見つめ直してみませんか？

それらは、けっして弱点ではなく、私たち「優しい人」の大切な一部なんです。

そう考えると、少し肩の力が抜けて、自分自身をもっと受け入れられるようになるかもしれません。

優しい人が使える得意技って？

常識って「使えるツール」なんです

あまり意識されていないんですけど、優しい人が戦略的に選んだほうがいいものがあります。

それは、意図的に「常識を守る」ことなんです。

いろんな生きかたがあります。その中で、優しい人にとっては「常識を守った生きかた」を選択するのは、じつはすごく生きやすいんですよね。私もそう感じていて、その理由をじっくり考えてみました。

優しい人は、まわりの人との関係を大切にしたり、平和な環境を好んだりしますよね。だからこそ、常識に沿って生きることで、心地よい日々を過ごせるんです。社会との調和が取れて、まわりの人との関係がスムーズになります。

これって、優しい人にとってすごく大切なことだと思うんです。誰かを傷つけたり、不快な思いをさせたりするのは避けたいですもんね。常識を守ることで、自動的に心配が減って、仲良く過ごせる。それって、大きなメリットじゃないでしょうか。

それに、ルールを守ることで得られる安心感や安定感も、優しい人の心を穏やかにしてくれます。「これで大丈夫」って思えるだけで、心にゆとりが生まれますよね。そのゆとりが、またまわりの人への優しさにつながっていきます。

常識を守るだけで、予測可能な状況が増えてストレスが減るのだから、効率的です。優しい人にとってはありがたいことだと思います。突然の変化や予想外の出来事って、どうしても心配になったり緊張したりしちゃいますよね。ある程度予測できる状況なら、心の準備もできるし、落ち着いて対応できます。

あと、他人からの無用な批判や非難を受けにくくなります。

優しい人にとっては、これも大きなメリットだと思います。誰かを傷つけてしまったんじゃないかって心配になることも少なくなるし、自分の行動に自信を持てるようになる。そうすると、もっと積極的に人とかかわることができるようになります。

さらに！

社会的な評価や信頼が得やすくなります。

あの人は信頼できるって思ってもらえるのは、とてもうれしいことです。ただ常識を守るだけで、自然にそれが実現できてしまいます。


常識って、けっこう「使えるツール」なんです。


常識を守るメリットって、もっとあります。

たとえば、自分の行動に対する後ろめたさや罪悪感が少なくなるっていうのも、優しい人の心を軽くしてくれると思います。常識に沿って行動していると、「これで良かったのかな」って悩むことが減ります。

常識って正しさを担保してくれるものですから。

当然、トラブルも衝突も減ります。

日常生活でのトラブルや衝突が減少するのは、優しい人にとってはすごく大切なことだと思うんです。争いごとは避けたいですもんね。平和な環境で過ごせれば、それだけで心が穏やかになれます。

その穏やかさが、またまわりの人への優しさにつながっていきます。

まわりの人からの支援や協力を得やすくなります。そういう経験を重ねていくと、今度は自分が誰かを助けたいって思えるようになる。そうすると、社会の一員としての役割を果たしている実感も得られるようになります。

最近は、あえて非常識を選ぶとか、突飛な言動をするとか、常識を無視するような言動がチヤホヤされる時代なんですよね。反常識であればあるほど、かっこいい、すごい、という評価になります。

だから、「常識を守ったほうが戦略的に得なんですよ」というと、もしかしたら反発心を覚える人もいるかもしれません。わかります、わかります。なんだか堅苦しい、つまらない、まじめすぎる、神経質なイメージ……みたいなのが湧いてきますし、「常識に縛られたくないなぁ」「ハメを外したいなぁ」という気持ちもあると思います。

べつに、「常識に沿ってガチガチに生きて下さい」ってわけじゃないんです。

基本的には常識に沿った生きかたのほうが、じつは優しい人にとっては有利なんですよ、というのを知ってほしいのですね。常識がもたらす世界って、まとめると以下のようなものがあります。

- 社会との調和が取れ、周囲の人々との関係がスムーズになる。
- ルールを守ることで安心感や安定感が得られる。
- 予測可能な状況が多くなり、ストレスが軽減される。
- 他人からの批判や非難を受けにくくなる。

- 社会的な評価や信頼が得やすくなる。
- 自分の行動に対する後ろめたさや罪悪感が少なくなる。
- 日常生活でのトラブルや衝突が減少する。
- 周囲の人々からの支援や協力を得やすくなる。
- 自己肯定感が高まり、精神的な安定につながる。
- 社会の一員としての役割を果たしている実感が得られる。

ときには常識にとらわれすぎずに、自分の信じる道を進むことも大切だと思います。でも、基本的には常識を大切にして生きたら、優しい人にとっては有利な世界で過ごすことができます。

常識は、優しい人にとっては「使えるツール」だと思ってください。

意図的に常識の側に立って下さい。

常識を選ぶって、優しい人にはメリットなんですよね。

ポジティブな言葉も優しい人の得意技

優しい人が自然に使える得意技があります。優しい人にとって、とても重要で意識して使ったほうがいいものがあります。それは次のようなものです。

- ポジティブな言葉
- 励ましの言葉
- 共感の言葉
- 礼儀正しい言葉

私たちの日常生活の中で、言葉の持つ力って計り知れないものがあります。たった一言の励ましで、誰かの一日が明るくなることもあれば、思いやりのこもった言葉で、悩んでいる人の心が軽くなることもありますよね。そんな素敵な言葉の魔法を、優しい人は自然に使えるはずなんです。

だって、優しい人は自然に相手のことを思って言葉を話しますし、相手を励ましたいと思いますし、相手を不快にしたくないから必然的に礼儀正しい言葉になっていきます。つまり、ポジティブな言葉・励ましの言葉・共感の言葉・礼儀正しい言葉って、優しい人の得意技なんです。

「今日も良い天気ですね！」みたいな、なにげない言葉でも大丈夫です。「今日も元気そうですね！」とか「今日もがんばっていますね！」とか、そんな何気ないポジティブ言葉を、意識して話すだけでぜんぜん違います。前向きな言葉は、相手の気持ちを明るくし、自分もまた気持ちよくなります。

朝、いつも家族に向かって「今日も頑張ってね」と声をかけて送り出すお母さんの言葉を思い出す人もいるかもしれません。日常の中の何気《なにげ》ない一言ですけど、それだけでも一日のスタートが違ってきますよね。

次に、励ましの言葉。「大丈夫、きっと上手くいくよ」「努力はかならず報われますよ！」「一緒にがんばっていきましょう」など、相手が困難に直面しているときこそ、こういった言葉が力になります。

誰でも、ときには落ち込んだり、自信をなくしたりすることがあります。そんなとき、温かい励ましの言葉をかけられたら、心に染みます。前に進む勇気を与えてくれます。優しい人って、自然にそういう言葉をかけられる性格だと思いますし、それならこの得意技を使わないともったいないです。

共感の言葉も、人と人とのつながりを深める上で非常に重要です。「その気持ち、よくわかるよ」「そう感じるのは当然ですね」「一緒に考えていきましょう」など、相手の感情や状況を理解し、寄り添う言葉は、相手に安心感を与え、信頼関係を築く基礎となります。

誰かが悩みを打ち明けてくれたとき、まずは相手の気持ちを受けとめ、共感の言葉をかけることができるのが優しい人の優しいゆえんです。優しい人は心の底からそうやって相手を思いやることができます。

そして、優しい人は、いつも礼儀正しくしていますが、これはすごく良いことなので、優しい人はもっとこの得意技を磨いたほうがいいと思います。

ちょっとここだけの話ですが、優しくない人が礼儀正しく振る舞うと、心がこもっていなかったりするので、どこか冷たい感じの礼儀正しさになってしまうことがあります。慇懃無礼という言葉もありますよね。しらじらしさが残るんです。

でも、優しい人って、本当に相手を思って礼儀正しくしているので、すごく自然に振る舞えるんです。言葉だけでなく、表情やジェスチャー、声のトーンなど、優しい人って加減がわかっています。つまり、天性の礼儀正しさを持てるんです。

だから、優しい人はこの得意技を磨いたほうが絶対にいいです。

基本的な礼儀を示すことは、相手への敬意と感謝の気持ちを表現します。

これらの言葉を適切に使うことで、相手との関係がより円滑になり、互いを尊重し合える関係性が築けます。

ただ、意識したりすると、最初は少し照れくさく感じるかもしれません。

でも、相手の表情が明るくなったり、関係が深まったりするのを実感すると、きっとそのよろこびが次の行動につながっていくと思います。そして、こういった言葉を使うことで、自分自身も前向きになれるというオマケまでつきます。

心理学的に、他人に対して励ましの言葉をかけることで、自分も勇気づけられ、ポジティブな言葉を使うことで、自分の心も明るくなっていくんですよね。まさに、言葉の持つ力は、使う人自身にも返ってくるのです。

ポジティブな言葉って、使う際のタイミングとか難しいことも多いです。

相手の状況や気持ちを十分に理解し、適切なタイミングで適切な言葉を選ぶことが重要になってきます。深刻な悩みを抱えている人に対して、安易に「大丈夫だよ」というのは適切ではなかったりします。

だから、最初に相手に対する共感が必要なんですけれど、優しい人ってもともと共感するのがとても得意なので、このあたりがうまいんだと思います。共感がない人の言葉って響かないんですけれど、共感のある人の言葉は響きます。

優しい人の言葉って、響く言葉なんですね。

だから私は、優しい人にはポジティブな言葉を積極的に使ってほしいなぁと思っています。こうした何気ない言葉の日々の小さな小さな積み重ねが、最後には大きな変化を生み出します。

そして、ポジティブな言葉・励ましの言葉・共感の言葉・礼儀正しい言葉を意識してかけていると、もうひとつ良いことが起きます。

それが自然になると、やっぱり自分自身にも優しい言葉をかけるようになるんですね。いつもポジティブな言葉を使っているので、自然に「自分、よく頑張った！」とか「大丈夫、次はうまくいく」など、自分自身にも同じ言葉をかけることができるようになるんです。

認める言葉を使うことで、自己肯定感が高まり、より前向きに生きていけるようになります。言葉の力を信じ、それを日々の生活に取り入れていくことで、優しい人の人生はより豊かに、より幸せなものになっていくはずなんです。

ぜひ、この得意技を意識してみてください。

聞き上手も優しい人の使える得意技

優しい人の得意技、まだまだありますよ！

それは、優しい人は聞き上手、ということです。優しい人は相手に対する共感がありますし、相手のことをもっと深く知りたいという気持ちもあります。

だから、おのずと聞き上手になっていくんですよね。

そして、これもまた私たちの日常生活や人間関係に、たくさんの素晴らしい影響をもたらしてくれるんです。

聞き上手であるということは、相手の話に真剣に耳を傾け、心を開いて受けとめるということです。それは単に言葉を聞くだけではなく、相手の感情や思いを理解しようとする姿勢のことを指します。

優しい人は本質的に他者を思いやる心を持っています。相手の気持ちを大切にし、その人の立場に立って考えようとする姿勢があります。すると、自然と良い聞き手になる素質が育っていくんですよね。

聞き上手であることには、じつにたくさんのメリットがあります。

まず、相手との信頼関係を深めることができます。誰かに真剣に耳を傾けてもらえると、私たちは「この人は自分のことを大切に思ってくれている」と感じます。そして、そこから生まれる安心感や信頼感は、人間関係をより強固なものにしてくれるのです。

また、聞き上手な人は、まわりから頼られる存在になりやすいです。

悩みを抱えている人や、誰かに話を聞いてほしいと思っている人は、あなたのところにきてくれるかもしれません。そうして、あなたは多くの人の支えになり、同時に自分自身も多くの人とのつながりを持つことができるのです。

さらに、聞き上手であることは、自分自身の成長にもつながります。

他の人の経験や考えに耳を傾けることで、新しい視点や知識を得ることができます。それは、自分の世界を広げ、より豊かな人生を送るきっかけになるかもしれません。

そして、聞き上手な人は、コミュニケーション能力が高いと評価されることが多いです。

ビジネスの場面でも、プライベートの場面でも、相手の話をしっかりと聞き、適切に応答できる人は、周囲から信頼され、良好な人間関係を築くことができます。

優しい人は、この得意技をもっと磨くことができると思います。

しっかりと相手の目を見て、うなずいたり、相づちを打ったりすることで、「あなたの話をしっかり聞いていますよ」というメッセージを送ることができます。

また、相手の話をさえぎらないことも重要ですね。

話の途中で自分の意見を挟んだり、アドバイスをしたりするのではなく、まずは相手の話を最後まで聞くようにするのは大切ですね。相手が話し終わったあとに、「そうだったんですね」「それは大変でしたね」などの共感の言葉も、相手に安心を与えるはずです。

そういった「聞きかた」を磨くのは、優しい人にとっては役に立ちます。

「話を聞いてほしい」と思っている人は、みんな理解してほしいと思って話してます。

だから、判断や批判をせずに聞くことも大切です。相手の話を聞きながら、すぐに「それは間違っている」「そうすべきではない」といった判断をするのではなく、まずは相手の立場に立って考えてみる必要があるんです。

それによって、相手の真意をより深く理解することができるからです。

優しい人が聞き上手になりやすい理由のひとつは、この「判断しない」姿勢を自然と持っているからなのは間違いないです。相手を受け入れ、理解しようとする優しさが、良い聞き手としての資質を自然と育てているんです。

だから、私は本当に優しい人はみんな聞き上手だと思っています。

逆にいえば、聞き上手な人は優しい人とイコールなのかもしれません。

聞き上手になるためには、自分自身の感情をコントロールする能力が必要なんですよね。ときには、自分の価値観や考えかたと異なる意見を聞くこともあるわけです。そんなときでも、すぐに反論したり否定したりするのではなく、まずは相手の話を受けとめる余裕を優しい人は持ってます。

優しくない人でも、「聞きかた」として、こうしたテクニックを学んで身につけることができるんですけど、優しい人の場合は天性の才能で、きちんとした「聞きかた」ができるんですよね。それが優しい人のすごいところだと思います。

もちろん、意識して「聞きかた」の能力を磨くともっとよくなるわけです。日常生活の中で、意識的に「今日は人の話をよく聞こう」と心がけてみると、いいかもしれません。家族との会話、友人とのおしゃべり、職場での打ち合わせなど、さまざまな場面で、これを実践することができます。

優しい人って誰を愛したらいいの？

優しい人は似た人を探そう

人の心って、本当に不思議なところがあったりします。

優しい人が、自分とは正反対の、ワイルドで荒々しい性格の人に惹かれてしまうことがあるのです。映画やドラマでもよくあるシチュエーションですよね。恋愛映画の定番かもしれません。現実でも、よく見かけます。

これって、未知なるものへの憧れや、自分にはない要素を求める気持ちが、そうさせているのだと思います。

でも、ふと立ちどまって考えてみると、優しい人は、同じ優しい人と出会い、心を通わせていくほうが、長く続く幸せの種が宿っているように思えるのです。

同じように優しい人同士が出会うと、その優しさが共鳴し合い、より大きな温かさとなって二人を包み込むことが多いからです。

もちろん、ワイルドで荒々しい性格の人が絶対にだめなわけじゃないです。でも、そういう人でも「じつは隠された優しさがあって……」というのもドラマでよくあるパターンですが、優しさが根底にあって心が通う設定になっていますね。

私の友人で、思い出すことがあります。

彼女はとても優しい性格で、誰に対しても温かく接する人でした。あるとき、彼女は自分とは正反対の、活発で少し乱暴な印象のある男性とつき合いはじめました。最初は、その違いに魅力を感じていたようでしたが、時間がたつにつれ、価値観の違いや生活スタイルの違いが大きな壁となっていきました。

結局、その関係は長く続かず、彼女は少し傷ついた様子でした。

でも、その経験を通じて、彼女は自分が本当に求めているものに気づいたのです。

それは、自分の優しさを理解し、同じように相手を思いやることのできる人でした。

そして、しばらくして彼女は今の旦那さんと出会いました。

彼もまた、とても優しい性格の持ち主で、ふたりのあいだには自然と心地よい空気が流れていったようです。同じような感性を持つ二人は、お互いの気持ちを言葉にしなくても理解し合え、些細なことでもよろこびを、わかち合うことができたのです。

彼らの結婚式に参列したとき、私は心から幸せな気持ちになりました。

二人の目に宿る愛情の深さ、そして互いを大切に思う気持ちが、その場にいるすべての人に伝わってきたからです。それは、同じ優しさを持つ二人だからこそ築き上げることのできた、かけがえのない関係性だったのでしょう。

そのときに、私は思ったのです。

「そうかぁ、やっぱり優しい人は優しい人が合うんだよね！」

感性が似ているということは、単に趣味や好みが一致するということだけではありません。物事の捉え方や、人生の価値観が近いということなんです。そして、そういった根本的な部分で共鳴し合える関係こそが、長く続く幸せの源となります。

もちろん、すべての人間関係において、ある程度の違いは存在します。それは、お互いを高め合い、成長させる要素にもなり得るでしょう。でも、その違いを乗り越えていくためには、やはり根底にある価値観や感性の一致が重要になってきますよね。

優しい人は、自分と同じ価値観と性格を持つ優しい人と出会うことで、その優しさはさらに磨かれていきます。相手の気持ちを察する力、思いやりの心、そして何より、自分自身の優しさを大切にする気持ち。それらが互いに影響し合い、より豊かな関係性を築いていくのです。

そうはいっても、ときには自分とは違うタイプの人に惹かれることだってあります。人間の出会いってわからないものですから。それは、けっして悪いことではありません。新しい世界を知り、自分の視野を広げるきっかけにもなるからです。

でも、長期的な幸せを考えたとき、やはり自分の本質的な部分で共鳴し合える相手との関係が、より安定し、深みのあるものになっていくと私は思っています。

私たち「優しい人」が持っている優しさは、とてもデリケートで繊細なものです。それを理解し、大切に扱ってくれる人と出会えたとき、私たちの心は安らぎ、本当の自分を表現することができるのです。

そして、そんな関係の中でこそ、互いを高め合い、成長していくことができるのだと思います。

優しさは、この世界をより良いものにしていく力を秘めています。

だからこそ、その優しさを理解し、共に育んでいける相手と出会うことが、本当の幸せにつながるのではないでしょうか。

優しさと優しさの二乗。

それって、素敵です。

優しい人が、同じように優しい心を持つ人とつながっていく。

そんな関係の中にこそ、長く続く幸せの果実があるのだと、私は信じています。あなたの中にある優しさを、どうか大切にしてください。そして、その優しさを理解し、共に歩んでいける人と出会えることを、心から願っています。きっと、そんな出会いが、人生をより豊かで幸せなものにしてくれるはずです。

恋愛でうまくいく相手のタイプって？

恋愛というのは、ひとつの心と心が向き合うプロセスです。

その中で優しさという特性は、とても大切な要素です。

優しい人は、相手を思いやり、傷つけることなく、穏やかに関係を築こうとします。

そんな優しい人が恋愛でうまくいくためには、どのような相手と向き合うべきかを考えてみましょう。

次の10のタイプは、優しさを最大限に活かせる、素敵なパートナー候補です。

・自分を大切にしてくれる人
・思いやりをもって接してくれる人
・自分の成長を応援してくれる人
・互いに感謝の気持ちを持てる人
・一緒にいて心地よいと感じられる人
・自分の気持ちを理解しようとしてくれる人
・逆境に一緒に立ち向かえる人
・自分の優しさを受け入れてくれる人
・ポジティブなエネルギーをもたらしてくれる人
・共通の価値観や目標を持てる人

優しい人にとって、思いやりのある人は最高のパートナーです。

恋愛は時にお互いの違いを理解し合うプロセスです。その中で、相手があなたの気持ちを理解し、寄り添ってくれると、とても安心できますね。

たとえば、忙しい日常の中でも、あなたが疲れていることに気づいて「今日は早く休んでね」と声をかけてくれる人がいたりしますよね。そんな小さな思いやりが持てる人って、素敵です。

恋愛において信頼は不可欠です。優しい人はとくに、相手に対して全力で向き合い、誠実に愛を伝えるものです。だから、相手にも同じように誠実であってほしいと感じますよね。誠実な人は、言葉と行動が一致しているので安心感があります。たとえば、約束を守ることが当たり前のようにできる人。あなたが信頼を寄せるに値する誠実なパートナーは、長く幸せな関係を築く鍵となります。

共感力が高い人は、あなたの気持ちを自然と理解し、受けとめてくれます。優しいあなたは、相手を傷つけたくないからこそ、ときには自分の感情を抑えることもありますよね。そんなとき、共感力の高い人はあなたの微妙な感情の変化にも気づき、「何かあったの？」と優しく聞いてくれるはずです。

共感してもらえることで、あなたも自分の感情を表現しやすくなり、心のつながりが深まります。


優しい人って、自分の感情を後回しにしてしまうことがあります。

だからこそ、忍耐強い人は素晴らしいパートナーなんです。

急がず、焦らず、あなたのペースに合わせて待ってくれる人がいると、心に余裕が生まれます。とくに、何か悩みを抱えたときに、「無理に話さなくてもいいよ、ゆっくりで大丈夫だから」と、いってくれるような忍耐強さを持つ人は、安心感を与えてくれる存在です。


恋愛には楽しい瞬間もあれば、困難な時期もあります。

その中で、ポジティブなエネルギーを持つ人は、あなたを明るく前向きな気持ちにしてくれるでしょう。優しい人は、まわりのことを気にかけすぎてしまうこともありますが、ポジティブな相手がいれば、難しいときでも「大丈夫、なんとかなるよ」と笑顔で背中を押してくれるはずです。

明るい視点で物事を捉える力は、関係を軽やかに保つ重要な要素です。

あなたが優しさを持って接するように、穏やかな相手もまた、静かに支え合う関係を築けるタイプです。穏やかな人と一緒にいると、心が安定し、お互いに無理せず自然体でいられます。

たとえば、いい争いになりそうなときでも、感情を爆発させず、冷静に話し合おうとしてくれる相手。穏やかな関係は、長い目で見て、非常に心地よいパートナーシップをもたらします。

恋愛は依存ではなく、互いに支え合うものです。

優しい人にとって、自立している相手は魅力的です。なぜなら、自分自身の生活や考えかたをしっかりと持っている人は、相手にも同じように自分のペースを尊重してくれるからです。
たとえば、お互いに時間を持ちながらも、相手を思いやる気持ちを忘れない。そんなバランスの取れた関係は、優しい人にとって理想的です。

小さなことにも感謝できる人は、あなたの優しさを大切に受け取ってくれるでしょう。たとえば、あなたが何気なく作った料理や、ちょっとしたサポートに対しても「ありがとう」といってくれる相手は、あなたの努力を認め、感謝の気持ちを持って接してくれるはずです。
感謝の気持ちがあふれる関係は、互いにリスペクトし合い、さらに愛情を深めていく要素となります。

恋愛はコミュニケーションが基盤です。優しい人は、自分の気持ちを相手に伝えることが難しいときもあるかもしれません。そんなとき、コミュニケーションが得意な相手は、無理にいわせるのではなく、自然な形で本心を引き出してくれます。

たとえば、「最近どう？　何か気になってることない？」と軽く話しかけてくれることで、あなたも安心して自分の気持ちを話せるようになるでしょう。

恋愛では、お互いに柔軟であることが大切ですよね。

優しいあなたは、相手に合わせすぎてしまうことがありますが、柔軟な考えかたを持つ人なら、無理にどちらかが我慢するのではなく、自然とバランスを取ろうとします。たとえば、計画がうまくいかなくても「それなら、別の方法を試そうよ」と軽やかに解決策を提案してくれます。そういう相手なら、ストレスを感じることなく、関係を前向きに進めていけますよね。

もちろん、人は完璧じゃないので、すべてを持ち合わせている人なんていません。完璧なんて求めたらいけないです。でも、基本的に優しい人は、こうした特徴を持っていることが多くて、ひとつ当てはまっていたら、他にも複数当てはまっていることが多いです。

そういう相手が見つかると、きっと晴れやかな気持ちになれると思います。

優しさは、人を惹きつけ、深い絆を生む大切な要素です。

優しい人が恋愛で幸せになるためには、私たちの優しさを尊重し、大切にしてくれる相手と向き合うことが必要です。思いやり、誠実さ、共感力、そして感謝の気持ちを持つ人々とかかわることで、優しい人が本来持っている魅力が最大限に発揮され、素晴らしい恋愛を築いていけるはずです。

優しい人が優しい人を探す旅

優しい人が同じように優しい人を探す旅って、簡単じゃないかもしれません。

急ぐ必要はないと思います。ゆっくりと、心を開いて歩いていけば、きっと素敵な出会いが待っているはずです。

優しい人は、しばしば自分の優しさに気づいていないものです。

だからこそ、まずは自分自身の優しさを認識することからはじめましょう。自分の中にある思いやりの心、他人を大切にする気持ち、そういったものを大切にしてください。自分の優しさを認めることで、他の人の優しさにも気づきやすくなるのです。

本当の意味で優しい人を見つけるコツって、日常の小さな出来事に目を向けることで気づくと思います。

電車で席を譲る人。
困っている人に声をかけられる人。
高齢の人や障害を持った人に配慮できる人。
子供や動物に優しく接する人。
まわりに配慮できる人。

何気ない行動の中に、人の本質って現れると思います。
優しい人は、誰かに見られているわけでもないのに、自然と優しい行動をとります。
そんな人を見つけたら、それは素敵な出会いの予感かもしれません。

また、優しい人は往々にして控えめな存在です。派手に自己主張することは少なく、静かにまわりを支える存在であることが多いのです。だからこそ、少し注意深くまわりを見渡してみてください。きっと、あなたのまわりにも気づかないうちに優しい人がいるはずです。

優しい人を探すときは、その人の言葉だけでなく、行動にも注目してみましょう。言葉は優しくても、行動が伴っていない人もいます。本当の優しさは、言葉と行動が一致しているものです。

相手の言動を観察し、一貫性があるかどうかを見極めることが大切です。

優しい人は、他人の感情に敏感です。

あなたが悲しいとき、うれしいとき、そういった感情の変化に気づき、適切な反応をしてくれる人。そんな人が優しい人なのかもしれません。自分の感情を大切にしてくれる人を見つけることは、幸せな関係への第一歩となるはずです。

でも、優しい人を探すとき、焦らないことが大切です。

人との出会いって、急かしても良いものは生まれません。自然な流れの中で、心が通じ合う人と出会えるのを待つ。そんな姿勢が、本当の意味での素敵な出会いを引き寄せます。

また、優しい人を探すには、自分自身も優しくあり続けることが重要です。似たような性質を持つ人は、自然と引き寄せられるものです。あなたが優しさを発信し続けることで、同じように優しい人があなたの元に集まってくるはずです。

優しい人を見つけるためには、オープンな心を持つことも大切です。先入観や偏見にとらわれず、さまざまな人と交流してみましょう。思いがけないところに、素晴らしい優しさを持つ人がいるかもしれません。多様な経験や背景を持つ人々と接することで、優しさの新たな形に出会えるかもしれません。

優しい人が相手を見つけるには、ちょっとした勇気も必要です。

優しい人は往々にして控えめなので、あなたから一歩踏み出して声をかけることが大切かもしれません。その一歩が、素晴らしい関係の始まりとなるかもしれないのです。

優しい人を探す過程で、ときには失望することもあるかもしれません。

優しい人を見つけるには、時間がかかることもありますが、その時間はけっして無駄ではないのです。その過程で出会う人々、経験する出来事、すべてが私たちを成長させ、より豊かな人間性を育んでいきます。


自分の直感を信じることも大切です。

「あっ、この人と一緒にいたら落ち着くな……」

ふとしたときに感じる温かさ、安心感、そういった感覚って大切です。

心が「この人は優しい人だ」と感じたら、それはきっと間違いではないはずです。

優しい人を見つけるには、さまざまな場所に足を運んでみるのもいいかもしれませんね。ボランティア活動や地域のイベント、趣味のサークルなど、人々が集まる場所には、きっと優しい人がいるはずです。共通の目的や興味を持つ人々の中に、あなたの求める優しさを持つ人がいるかもしれません。

出会いと別れを繰り返しながら、さまざまな形の優しさに触れ、自分自身も成長していく。そんな素敵な旅を、ゆっくりと楽しんでいってください。

自分の中にある優しさを大切にし、それをまわりの人々に分け与えていく。

そうすることで、あなたのまわりには自然と優しい人々が集まってくるでしょう。

そして、そんな優しさの輪の中で、きっとあなたは特別な人との出会いを果たすことができるんじゃないかな、と思います。

長期的な幸せを手に入れる

まじめに生きるって幸せの近道です

最近は逆説的な考えかたが大流行していますので、「まじめに生きる」というのも、よく槍玉に挙げられて否定されたりしていますよね。

でも、まじめに生きるって、ぜんぜん悪いことじゃないです。

それは、自分の心に正直に、誠実に生きるということなんです。

日々の小さな約束を守ること。

困っている人を見かけたら、自然と手を差し伸べること。

頼まれた仕事をきちんとすること。

責任を持ち、責任を果たすこと。

努力を惜しまないこと。

学び続けること。


こういうのって、大切じゃないですか。

そういったひとつひとつの行動をていねいにしていくのが、まじめに生きるということなんです。

優しい人はここに、思いやりの心が込められます。小さな約束を守ることも、困っている人を見かけたら手を差し伸べることも、頼まれたことをきちんとすることも、考えてみたら相手を思いやる気持ちの別の表現なんですよ。

他人を思いやることは、まじめに生きることの大切な要素です。

相手の立場に立って考え、その人の気持ちを理解しようとする。そんな姿勢が、まわりの人々との関係を豊かなものにしていきます。思いやりの心は、まるで小さな種のようなもの。それを大切に育てていけば、やがて大きな木となり、多くの人々に安らぎを与えてくれます。

まじめに生きると信頼関係も生まれます。

信頼関係は、人生を豊かにする大切な宝物です。それを築き上げていくことは、まじめに生きることの大きな果実のひとつといえます。信頼って、そう簡単に手に入らないものですから「貴重品」なんです。

まじめに生きることで、それが手に入ります。

まじめであるというのは、相手に対しても自分に対しても正直なんだと思います。

自分に正直であることで、他人にも正直に接することができます。

まじめに生きることで、困難を伴うこともあるかもしれません。

世の中には、まじめな人を利用しようとする人もいます。

でも、そんなときこそ、自分の信念を貫くことが大切だと思います。

なぜなら、まじめに生きることの価値は、まわりの評価ではなく、自分自身の心の満足にあるからです。

まじめに生きることは、日々の小さな努力の積み重ねです。

たとえば、あるアメリカの女性司会者で、貧困家庭に生まれ育ちながらも、自身のトークショーを成功させ、世界的な影響力を持つメディア界のトップに上りつめた女性がいます。

彼女は幼少期に虐待や差別を経験しながらも、教育を受けるために懸命に勉強し、さらには人前で話す技術や自己啓発に長年まじめに取り組んできたそうです。彼女の成功は、才能以上に、見えない部分でのまじめな努力によるものだったのです。

今日よりも明日、もう少しだけ良い自分になろうと努力すること。

失敗してもあきらめずに、ふたたび挑戦すること。

そんな姿勢が、少しずつですが確実に、人を成長させていくのです。

まじめに生きるって、けっして自分だけのためではありません。

優しい人のまじめな姿勢は、まわりの人々にも良い影響を与えます。

その誠実さに触れた人は、自然とその大切さを理解し、自分もまじめに生きようと思うかもしれません。そうして、優しさと誠実さの輪が広がっていきます。

まじめに生きることとは、寂しさを感じることもあるかもしれません。

世の中の流れに逆らっているような気がしたり、まわりから理解されないと感じたりすることもあるでしょう。でも、そんなときこそ、自分の心に耳を傾けてみてください。きっと、あなたの心は「これで良いんだ」と静かに語りかけてくれるはずです。

「今日はこれをしよう」と決めたことは、たとえ誰も見ていなくても実行する。

そんな小さな自己との約束を積み重ねていくことで、自分自身への信頼が育まれていくのです。


ただ、まじめに生きることとは、けっして完璧を求めることではありません。

まじめにやっても、失敗することもありますよ。

でも、その失敗から学び、ふたたび、やり直す勇気を持つこと。

それこそが、真の意味でのまじめさなのです。

まじめに生きることは、感謝の心を育むことにもつながります。日々の小さな幸せに気づき、それを大切にする心。まわりの人々の支えに感謝する気持ち。そういった感謝の心が、人生をより豊かなものにしていきます。

まじめに生きるって、けっして楽な道のりではありません。

でも、その道を歩むことで得られる満足感や幸福感は、何物にも代えがたいものです。まじめに生きることで、自分自身に誇りを持つことができるようになります。

そして何より、まじめに生きることは、あなたの人生を豊かで意味のあるものにしてくれます。日々の小さな努力が、やがては大きなよろこびとなって返ってくる。そんな素晴らしい循環の中で、真の幸せを見出すことができるのです。

だから、優しい人は、まじめに生きることを恐れないでください。

むしろ、自信を持ってまじめを追求してみてください。

それって重荷じゃなくて、人生を輝かせるツールなんです。それで悪いことにはならないです。

慎重であるのは悪いことじゃないです

慎重さは、しばしば優柔不断や臆病さと混同されがちです。

でも、慎重さは、それとはまったく異なる、とても価値のある特質です。

慎重であることは、相手の気持ちを深く考えることから始まります。

優しい人は、自分の言動が他人にどのような影響を与えるかを常に意識しています。

一言の言葉、ちょっとしたしぐさが、相手の心を傷つけたり、不快な思いをさせたりしないように、細心の注意を払うのです。また、できないことをできることのようにいったりして、結果的に相手に迷惑をかけることも嫌います。

これは、けっして悪いことじゃないですよ。

むしろ、人間関係を大切にし、相手を思いやる心の表れなのです。

慎重さは、決断の遅さとして批判されることがあります。

でも、重要な決断ほど、慎重に考え抜くことが大切ですよね。

優しい人は、自分の決断がまわりの人々にどのような影響を与えるかを深く考えます。それは優柔不断なのではなく、「もっと良い方法はないかな?」「もっと効果的な方法はないかな?」「もっと確実な方法はないかな?」と、より良い結果を導き出すための大切なプロセスなんですよね。

慎重であることは、リスクを最小限に抑える力を持っています。

優しい人は、自分やまわりの人々を危険な状況に置きたくないという思いから、いろんな可能性を考慮します。これは単なる臆病さではなく、責任感の表れです。慎重に計画を立て、リスクを評価することで、より確実な道を選ぶことができるんです。

そして、慎重な人はその過程で、いろんな人の意見を聞きます。自分の考えを押しつけるのではなく、他人の意見にも耳を傾けます。慎重に相手の話を聞き、理解しようとする姿勢は、慎重であるからこそできることなんですよね。

そして、そういう姿勢があるからこそ、さまざまな可能性を探ることができます。

優しい人は、急いで結論を出すのではなく、じっくりと考えることで、新しいアイデアや解決策を見出すことができるんです。

もちろんそうやって慎重に動くことで、不必要なトラブルやミスを避けることができます。これにより、日々のストレスが軽減され、より穏やかな心で生活を送ることができるようにもなります。

それに人の意見をきちんと聞いて慎重に物事を進めることで、お互いの信頼関係を築く基盤にもつながっていきますから、一石二鳥です。

だから、優しい人は約束を軽々しく交わしたり、物事を軽率に進めたりしません。慎重に考えた上で約束をするからこそ、その約束を守ることができるのです。この姿勢が、まわりの人々からの信頼を得ることにつながります。

あと、慎重であることは、後悔を減らす力を持っています。

衝動的な行動や決断は、しばしば後悔を生みます。だって、それはほとんど何も考えないでやったことだからです。それで大失敗したら、「もっと考えて慎重にやっておけばよかった」ってなりますよね。

優しい人は、いろんなことを多角的に考えるクセがあるので、だいたい慎重になっていきます。でも、そうやって慎重に考えることで、自分の行動に自信を持つことができるようになるんです。

たとえ結果が思わしくなくても、十分に考えた上での決断であれば、後悔は少なくなるのです。


慎重であることは、よく優柔不断と混同されることがあります。

でも、それは本当に大きな誤解だと思います。本当の慎重さって、深い思慮と配慮から生まれているからです。それって自分とまわりの人々のために、最善の道を選ぼうとする優しさの表れなんです。

そういう、ていねいな姿勢は、もっと評価されていいと思います。

急いで結果を求めるのではなく、時間をかけてじっくりと育てていく。そうすることで、より大きな、しっかりした成果が得られるわけです。

自分の衝動やまわりの圧力に流されず、自分の信念に基づいて行動する力。

それって、すごく大切だし、強いことだと思います。

でも、この慎重さは、まわりから理解されないこともあるかもしれません。

結論を急がされたりすることもあります。

そんなときこそ、自分の信念を貫く勇気が必要かもしれませんね。

なぜなら、その慎重さは、きっと誰かを守り、誰かを助けているはずだからです。

慎重であることは、けっして消極的な姿勢ではありません。それは、より良い未来のために、今を大切に生きる積極的な姿勢なのです。

一歩一歩、確実に前に進んでいく。

そんな姿勢こそ、真の意味での前向きさなのかもしれません。

だから、慎重であることを否定する人たちに与しないほうがいいです。

慎重さは欠点ではないし、悪いことでもないです。

長期的な幸福感がこれで手に入る

ある日本料理店でお会いした料理人の方を思い出します。

彼の仕事に対する姿勢は、まじめさと慎重さの大切さを教えてくれました。

その方は、若い頃からひとつの包丁を大切に使い続けているそうです。「包丁は料理人の命」といいながら、毎日ていねいにそれを手入れをする姿は、まるで芸術家が筆を扱うかのようでした。その真摯な姿勢が、彼の作る料理の素晴らしさにつながっているのだと、強く感じました。

まじめであること。慎重であること。

日常でも、仕事でも、人間関係でも、ライフスタイルでも、それを突きつめれば、いろんなものが手に入ります。

信頼、安定したキャリア、確実性、人間関係の円滑さ、計画性の向上、信用度の向上、成果物の質の向上、責任感の強化……。

こうしたものが同時並行的に手に入ってしまいます。

そして、それがひいては、長期的な幸福感につながるんですよね。

優しい人だけじゃないですけど、長期的な幸福感が手に入るって、すごく満足いくことだと思うんです。まじめで、慎重であることでそれに近づくことができます。


でも、それって一見すると、なんだか遠回りに思えるかもしれません。

おカネを払ったらすぐに手に入る手っ取り早いものではないからです。たとえば、日本料理店の料理人の彼が、毎日ていねいに包丁を磨き上げたとしても、それですぐに成功が手に入るわけではないです。

現代社会では、即座の結果や短期的な成功が重視されがちです。

でも、本当に大切なものは、そう簡単に手に入るものではありません。それは、日々の小さな努力や選択の積み重ねによって、少しずつ、でも確実に築き上げていくものなんですよね。

優しい人は、まじめに生き、慎重に選択を重ねていくことで、自分らしい人生を築いていくことができます。そして、その過程そのものが、かけがえのない幸福感をもたらすのです。それは、自己成長の機会でもあります。自分の行動や選択を慎重に見つめ直すことで、自己理解を深めることができます。そして、その自己理解こそが、より深い幸福感につながっていきます。

もちろん、楽な道のりでもありません。でも、その道を歩むことで得られる満足感は、何物にも代えがたいものです。

まじめで慎重であることは、けっして固い生きかたではありません。むしろ、成功している人はみんな誰も見ていないところで、そういう姿勢で生きています。

たとえば、いつも圧倒的なパフォーマンスを見せてくれる、ある女性歌手だってそうです。彼女の舞台裏では、つねに厳しいトレーニングや準備が欠かせません。大きなイベントのときは、8か月間も前からトレーニングを行い、徹底的に体を鍛えていました。8ヶ月後に向けて、誰も見ていないところで、慎重に食事制限や練習を行いながら完璧を目指し、自分の限界を超えるパフォーマンスを披露するための努力を続けていたんですよね。

ものすごい努力を誰も見てないところで積み重ねていたわけです。

そのまじめさが、大成功の基盤となるのです。まじめさと慎重さがあるからこそ、新しい挑戦や変化にも適切に対応できるからです。

長期的な幸福感を得ることは、人生にとって本当に意味のあることです。

それは、一時的なよろこびではなく、持続的な満足感をもたらします。

そして、その満足感こそが、私たちの人生を真に豊かなものにしてくれるのです。

だから、まじめで慎重な生きかたを大切にしてください。

それは、豊かで意味ある人生への道筋となります。

一日一日を大切に、誠実に、そして慎重に生きていくことで、きっと長期的な幸福感を手に入れることができるはずです。そして、その幸福感こそが、私たちの人生を輝かせる光となります。

心が疲れたときにしたいこと

心が疲れたときは、心を整える

優しい人は気疲れしやすいです。
心が疲れやすいです。
ストレス、抱えやすいです。
これって、本当によくわかります。私自身も、人にいろいろやってあげるのが好きで、まわりの人を大切にしたいと思っています。でも、その一方で、ときどき心が重くなることだってあります。

「ちょっと疲れちゃったな」

そう思います。

優しい人はみんな同じような経験をしてるんじゃないでしょうか。

優しい人は、他人の気持ちに敏感で、相手の立場に立って考えることができて、それって素晴らしい特質なんですけど、同時に自分の心にも知らないうちに大きな負担をかけてしまうんですよね。

他人の悩みや苦しみを自分のことのように感じ、解決しようと努力してしまう。そんな姿勢はまわりの人を温かく包み込みますが、知らず知らずのうちに自分の心を疲れさせてしまうのです。

そんなときは、絶対に無理しないでください。


心が疲れたときは、〝心を整える〟ことが大切です。

じゃ、心を整えるにはどうしたらいいでしょう？

何はともあれ、ひとりの時間を作ることが大切だと私は考えています。ひとりになる時間は、けっして孤独や寂しさを意味するものではありません。むしろ、自分自身と向き合い、心を整える貴重な機会です。

優しい人であればあるほど、この時間が必要不可欠になってきます。

ひとりの時間を持つことで、私たちは自分の内なる声に耳を傾けることができます。日々の喧騒から離れ、静かな環境に身を置くことで、自分の本当の気持ちや欲求に気づくことができるのです。

他人のために尽くすことも大切ですが、自分自身を大切にすることも同じくらい重要です。やっぱり自分を愛することができてこそ、他人にも気を配れるわけです。

リラックスする方法は人それぞれですが、私は自然の中で過ごすのが大好きです。自然っていっても、わざわざ大自然があるところまで出かける必要はぜんぜんなくて、たとえば公園を散歩したり、ご近所のお寺の境内を歩いたり、川べりを歩いたり、近所の緑の多いところでのんびりするだけでも効果あります！

自然の中にいると、不思議と心が落ち着き、新鮮な気持ちになれます。木々のざわめきなんかを聞きながら、自分の存在を感じてみてください。きっと、心が軽くなるはずです。

私の知り合いは、「ひとりで家にいてリラックスするのが一番好き」といっていますが、それもまた優しい人にとってはすごく大切なことですね。

ひとりの時間を作って、読書や音楽鑑賞、絵を描くこと、料理を楽しむことなど、自分が好きなことに没頭する時間を作るんです。そうすることで、日常のストレスから解放され、心が癒されていくのを感じられます。

瞑想やヨガも、心を整えるのに役立ちます。

静かに座り、呼吸に集中することで、心の中の雑念を手放し、現在の瞬間に意識を向けることができます。はじめは難しく感じるかもしれませんが、続けていくうちに自然と心が落ち着いていくのを実感できます。

こうやってひとりの時間を持つことは、利己的なことではないです。

むしろ、自分自身の心を整えることで、まわりの人々にもより良い影響を与えることができます。リラックスできて、すっきりできて、エネルギーが満たされた状態であれば、他人に対してもより深い思いやりを持って接することができます。

優しい人は往々にして、他人のために自分を犠牲にしがちです。

でも、それが長期的に続いて心がしおれてしまうと、自分もまわりの人も幸せにはなりません。自分の心の健康を保つことは、他人への思いやりを持続させるためにも不可欠ですよね。


でも、ひとりの時間を作るのは、最初は難しく感じる人もいるかもしれません。

とくに、社会人で忙しい日々を送っている人や、家庭がある人にとっては、自分の時間を見つけること自体が課題になるかもしれません。

でも、少しずつでもいいのです。

たとえば、朝30分早く起きて、静かにコーヒーを飲みながら一日の計画を立てる。

または、寝る前の30分を読書の時間にする。そんな小さな習慣からはじめてみてはいかがでしょうか。

大切なのは、その時間を自分へのご褒美だと考えることです。

「自分にはこの時間を過ごす価値がある」と自分にいい聞かせてください。

自己肯定感を高めることにもつながりますし、結果として他人にも優しくなれるのです。

こうやってひとりの時間を持って、心を整えることで、自分の感情や思考をより深く理解できるようになります。

他人の気持ちを察するのが得意な優しい人は、往々にして自分の気持ちを後回しにしがちなんですよね。でも、自分の感情に向き合い、それを受け入れることで、より安定した心の状態を保つことができます。

ときには、ひとりの時間を使って、自分の人生を振り返ってみるのも良いですよ。

子供の頃の楽しかったこと、かつての友だち、楽しかった時間……。

好きだったマンガ、好きだった映画やドラマ、好きだった音楽……。

ひとりになると、楽しかったことがいっぱい思い出せます。静かに振り返る時間を持つことで、自分自身をより深く理解し、今後の人生の方向性を見出すことができます。

優しい人が心を整えることは、単に自分のためだけではありません。むしろ、まわりの人々にとっても大きな意味があるのです。心が満たされた状態で他人と接することで、より深い共感や理解が生まれ、人間関係がより豊かになっていくからです。

ですから、優しい心を持ったあなたに伝えたいのです。自分を大切にすることを恐れないでください。

ひとりの時間を持つことは、けっして利己的なことではありません。それは、あなたの優しさを持続させ、より多くの人々に幸せをもたらすための大切な習慣なのです。

今日から、少しずつでいいので、自分のための時間を作ってみてください。静かな場所で深呼吸をする、好きな音楽を聴く、過去を振り返る。

どんな小さなことでも構いません。その時間が、心を癒し、エネルギーを与えてくれます。そして、その充実感が、まわりの人々にも伝わっていきます。

優しい人って、自分が想像している以上に多くの人の心の支えになってます。だから、心が疲れたときは、心を整えましょう。

ひとりの時間を大切に！

優しい人はバランスを大切にしよう

優しい人は、他人の気持ちに敏感すぎて、まわりの人たちの期待に応えようとする傾向がありますよね。それって素晴らしいことなんですけど、やっぱり自分自身のことを、あとまわしにしてしまうこともあるわけです。

仕事の場面でも、同僚や上司の要求に応えようと、ちょっと無理して頑張りすぎてしまうこと、いっぱいあります。でも、そんなときこそ、自分の心の声に耳を傾けることが大切です。たしかに仕事も大切ですよ。大切なんですけれど、それで頑張りすぎると逆に身体や心が壊れてもっと悪い結果になったりします。

だから、バランスが必要になってきます。

仕事優先でもなく、自分優先でもなく、バランスを取って両立させるんです。

バランスを取るというのは、自分自身を守ることでもあります。優しい人だからこそ、自分で自分を守る必要があるんです。疲れたときは休息を取り、心が満たされていないと感じたら、自分の好きなことに時間を使わないといけません。

そうすることで、また元気になれます。

ふと思ったのですが、私たちの心って、もしかしたら庭みたいなものかもしれません。ていねいに手入れをしないと、すぐに雑草が生い茂ってしまいます。雑草だらけになったら、それを一から手入れし直すのは、それこそ大変な作業になってしまいます。だから、つねに適切な水やりや肥料、そして剪定が必要です。

がんばりすぎて、頼まれて、責任を感じて、知らずして過大に仕事優先になってしまったら、心が雑草だらけになって、それを元の状態に戻すのは大変です。

だから、最初からバランスが必要なんですね！

優しい人は、とにもかくにも頼まれたりしたら無理しがちです。期待されたら、自分の能力以上に無理してしまいます。

でも、それで自分に過大な負荷がかかれば、いつか自分が壊れてしまいます。だからこそ、仕事だけでなく、自分の心も大切にする時間を作ることが重要なんです。家族や友人との時間、趣味や自己啓発の時間、そして何より自分自身と向き合う時間。これらすべては、ないがしろにしちゃいけないんです。

でも、これだけいっても優しい人って自分の気持ちを押し殺してしまうことがよくあります。「相手のために」と思って自分よりも相手が優先順位の上にきてしまいます。相手のために我慢してしまうのです。

でも、自分の気持ちに正直になることも大切ですよ。

バランスを取ったほうがいいというのは、つねに仕事を断れという意味ではないです。ときには仕事に没頭することが自分にとっても良いときもあります。そういうときは、もちろん思いっきり仕事に夢中になってください。

でも、そのあとは心の充電に時間を使う必要がありますよね。

それがバランスです。

大切なのは、長い目で見て両者のバランスが取れているかどうかです。他人の期待に応えようとするあまり、自分の限界を超えてしまったらいけない、ということです。

それは結果的に誰も幸せにしません。

自分の限界を知り、必要だったら「ノー」という勇気も必要なのです。

ここで「ノー」ということによって、次は心地の良い「イエス」になっていくわけです。それが自分を大切にすると同時に、相手への誠実さにもつながります。


結局、自分の人生の主人公は自分自身です。


仕事と心のバランスを取ることで、自分の人生の方向性を見失わずにいられます。

心が疲れているときは、無理に期待に応えようとする必要なんかありません。

優しい人は、他人を気づかうあまり、自分の気持ちを隠してしまうことがあります。でも、素直に「今はちょっと疲れていて休息が必要なんです」と伝えることも大切です。そうすることで、まわりの人にも気づいてもらえることができます。

それって利己的なことではありません。むしろ、それこそ自分とまわりの人々のために必要なことなんですよね。

気づいてあげて、気づいてもらう。

仕事と心のバランスを取ることは、人生の質を高めることにもつながります。充実した私生活があったら、仕事のパフォーマンスも向上できます。逆に、仕事での達成感は私生活をより豊かにします。

このポジティブな循環を作り出すことが、バランスの取れた人生の秘訣なのかもしれません。仕事と心のバランスを大切にすることは、自分自身のためであり、同時に私たちのまわりの人々のためでもあるんです。

小さな世界も悪くない

優しい人は、他人の気持ちを察することが得意すぎて心が疲れやすいし、頼まれた仕事は手を抜くのがイヤなので、どうしても仕事と私生活のバランスが崩れたりします。だから、「ノー」という技術が必要なんですけれど、そうはいっても「断るのが苦手」という人もいっぱいいます。

そんなとき、うまく「ノー」がいえるようになるまで、広い世界に飛び出すのではなく、小さな世界に目を向けてみるのもひとつの方法です。小さな世界とは、心地よいと感じる場所で安心できる「少数の人々」とだけで過ごすことを指しています。

要するに、自分らしくいられる最少の環境のことです。

それは、家族や親しい友人だけの世界です。

あるいは、趣味の世界や、静かな環境の中で過ごすひとりの時間かもしれません。

小さな世界の中では、他人の目を気にせず、自分のペースで過ごすことができます。

優しい人は、まわりの人のために自分を犠牲にしがちですが、小さな世界では、そんな気づかいから解放されます。小さな世界で自分の気持ちに正直に向き合い、心からリラックスすることができるのです。

気のおける少数の人と一緒に長くいるというのは、メリットもあります。その人と深い関係性を築く機会になるのです。

大勢の人と浅いつき合いを続けるよりも、少数の人と心の通った関係を築くことで、より豊かな人間関係を経験できます。心から信頼できる仲間との絆を深めていくことができるんです。

「消極的になれっていうこと?」

「でも、それって社会的に孤立することじゃないの?」

そう考える人もいるかもしれません。

いえいえ、小さな世界で過ごすことって、けっして消極的な選択じゃないです。それに、孤独を意味するものでもありません。むしろ、大勢の人々に囲まれていても心の奥で孤独を感じることがあるように、小さな世界の中でこそ、心からの温かさと絆を感じることができます。

子供の世界を思い出せばわかりやすいかもしれませんね。

どんなに遠いところに遊びにいっていた子供も、夕方になったら家に帰ってお父さんやお母さんと一緒に過ごして、自分の寝床で安心して休みます。不幸な家庭もたくさんあるのですが、ほとんどの子供にとって、家庭は唯一絶対の心の拠り所です。

家族というのは最小限の「小さな世界」かもしれません。

でも、その小さな世界が安心感を生み出すんですよね。

大人になると、どのサイズ感がちょうどいいのかは人によりますが、「少数の人々」とだけで過ごす小さい世界って、本当の意味でのつながりを感じられる場所なんです。


リラックスできる小さな世界を持つのって最高ですよ！

小さな世界でリラックスが得られたら、今度は気力が充実していって、また大きな世界に出ていくための力になるので心配しなくても大丈夫です。子供が朝起きたら元気に外に飛び出していくように、小さな世界で気力が充実したら外に飛び出していけます。

もちろん、外に飛び出していく必要がなければ、小さな世界にいることもできます。外の世界って、すごくせわしないです。

そこから離れて静かに暮らすというのは、忙しさに追われる中で見失いがちな、本当の自分の願いや価値観と向き合うことができるチャンスでもありますよね。自分の時間がたっぷり取れます。好きなことを追求できるし、趣味の世界に没頭することもできるし、新しいことに挑戦することさえできます。

外の世界でバランスを取るのが難しくて、小さな世界のほうがむしろ充実すると感じるなら、小さな世界にいることも自分にとっては有意義なんです。

小さな世界といえば、思い出す人がいます。

19世紀のアメリカで生まれ育った女流詩人です。彼女は生涯のほとんどを自宅で過ごし、人との交流を避けがちな内向的な性格でした。でも、そんな小さな世界の中で、独特の感性と表現力を持った詩を数多く生み出し、死後に評価が高まり、アメリカ文学を代表する詩人のひとりとして今も広く読まれています。

彼女は小さな世界にいたから、内面を掘り下げてそれが詩として昇華できたんだと思います。小さな世界だって、大きな世界に羽ばたく大切な場所だというのが彼女の人生を見て思います。

優しい人のライフスタイル

宝探しのつもりで感謝する機会を探す

優しい人が自然にできるすばらしいこと。

それは、感謝することだと私は思います。

感謝の心を持つことは、まるで魔法のようです。私たちの日常を輝かせ、人生を豊かにしてくれる、そんな不思議な力を持っています。

感謝することの素晴らしさは、まず自分自身の心も、ほわっと温めてくれることにあります。たとえば、「ありがとう」という言葉を口にするとき、私たちの心も柔らかく、穏やかになります。

そういえば、私の知り合いの中にはすごく優しい心を持っているのに、「ありがとう」という言葉をなかなかいえない人がいました。なんだか「気恥ずかしい」というのです。でも、「ありがとう」という言葉は感謝の気持ちを相手に伝えるのに、もっとも的確な言葉なんです。

心を込めて「ありがとう」ということで、相手との関係がより深まります。これは、相手への思いやりや敬意を示す重要な表現なのです。優しい人は、自然に感謝できる心を持っています。だから、自然に「ありがとう」といえます。もし、照れていえないのなら、それはもったいないです!

意識して「ありがとう」を、使ったほうがいいです。

日々の生活の中で、当たり前だと思っていたことに感謝の気持ちを向けると、世界の見えかたが変わります。朝、目覚めたときの深呼吸、家族との団欒、友人との会話、美味しい食事、そして健康であること。世の中には、不幸なことにこういう何気ない普通の日常を得ることができない人もたくさんいます。

誰だって病気になりますが、病気になったら健康のありがたさを感じます。そして、普通に日常生活が送れるって、じつは奇跡的な贈り物なのだと気づくのです。そんなとき、普通の日常にも「ありがとう」と心から感じるはずです。

この「ありがとう」という言葉は、何気なくても強い言葉なんです。相手の心に温かい波紋を広げます。

それをいう側は何気なくても、いわれた側は「あっ、私のことを、この人は評価してくれた」と感じます。「気持ちを気づいてくれているんだな」と思います。「ありがとう」は、互いの絆を強くする魔法の言葉なんです。絆が強くなるって、優しい人が無意識に求めてるものですよね。「ありがとう」が、その第一歩のとっかかりです。

いろんなことに「ありがとう」と思えるようになると、どうして優しい人にとって有利なのかは、ここに尽きます。ありがとう、という感謝の気持ちが全方位で発揮されると、全方位で「絆が生まれる」んです。優しい絆がいっぱい生まれます。その絆がいっぱいの状態って、おカネとかとはまた違う「豊かさ」なんですよね。

それは「内なる豊かさ」といういいかたもできるかもしれません。

感謝するって、心を豊かにすることで、それが引いては幸せに結びつきます。小さな幸せに気づき、それを心からよろこべる人は、どんな環境でも幸せを見つけられる力を持つことになるのです。

そうなると、当然ですけれど、健康にも良い影響を与えます。

心が穏やかになるし、身体もリラックスするし、そうしたら、免疫力も高まるといわれています。心と体は密接につながっているので、心の豊かさが身体の健康にまで影響していくわけです。

そう考えると、すごくないですか？

だって、心が豊かになって、絆がいっぱい生まれて、まわりからも感謝されて、しかも自分の身体も健康になるんですから。

そう考えると、もっと感謝したほうがメリットがあると思いますよね。そうなんです、メリットがあるんです。だから、優しい人は宝探しのつもりで感謝する機会を探したほうがいいです！

感謝することって、優しい人なら誰にでもできます。特別な才能や技術は必要ありません。ただ、心を開いてまわりを見渡すだけで十分です。あとは、日常の中に隠れている小さな幸せを見つけ出す。

ぜひ、感謝の宝探しをしてみてください。

感謝の気持ちを持って積み上げることができたら、それはもう、間違いなく人生が豊かになります。私たちの心は明るくなるし、まわりも明るく照らします。「さて、何か感謝できること、ないなか？」と探してみてください。

きっと、たくさんの感謝が見つかるはずです。

そして、「ありがとう」といってみてください。

感謝するという小さな一歩が、優しい人の人生をより豊かで幸せなものに変えていきます。感謝の心は、私たちに寄り添い、人生の道を優しく照らしてくれる、かけがえのない宝物なのです。

優しい人は忙しくないほうがうまくいく

現代社会はスケジュールがいっぱいで、寝るヒマもないくらい忙しいのが「充実している」「素晴らしい」と賞賛されがちです。でも、優しい人が気をつけたほうがいいことがあります。

それは、忙しくなりすぎない、ということです。

忙しさに追われるとき、その心の中で何が起こっているのか、想像してみてください。いつもなら誰かのために時間を割き、耳を傾け、手を差し伸べることができるのに、突然その余裕がなくなってしまいます。

優しさというのは、とても繊細で大切な心の働きです。それは、他人の気持ちを察し、思いやりを持って接することができる素晴らしい能力です。でも、その優しさを発揮するためには、心に余裕が必要なのです。

忙しさに追われると、その余裕が失われていきます。

気がつけば、まわりの人々への対応がおざなりになり、本来の自分らしさを失っていくことになります。忙しさに追われる日々は、私たちの心と体に大きな負担をかけます。とくに優しい人は、他人のことを考える習慣が身についているだけに、自分自身のケアをおろそかにしがちです。

睡眠時間を削り、食事を抜き、休息する時間も十分に取れない。そんな生活が続くと、やがて健康を損なうことになりかねません。心身の健康を維持することは、優しさを保つ上でとても重要です。疲れ果てた状態では、他人に優しく接することも難しくなります。自分自身に優しくすることが、他人への優しさにもつながるのです。

だからこそ、優しい人は忙しい中でも自分のための時間を作ってくださいね。

また、忙しさに追われると、新しいことを学ぶ機会も失われがちです。優しい人は、好奇心旺盛で学ぶことが好きな人が多いです。新しい知識や経験は、その人の内面を豊かにし、さらに深い思いやりを育むきっかけになります。でも、時間に追われる毎日では、そういった機会を逃してしまうかもしれません。

学びの機会を持つことは、優しい人にとって特別な意味があります。

それは単に知識を増やすだけでなく、自分自身を見つめ直し、成長する機会でもあるのです。新しい視点を得ることで、他人への理解も深まり、より豊かな優しさを持つことができるようになります。

忙しさに追われると、私たちは時として本来の自分を見失ってしまいます。

優しい人は、自分自身と向き合う時間がなければ、本当の自分の声を聴くことができません。その結果、自分らしさを失い、ただまわりの期待に応えるだけの存在になってしまうかもしれません。

優しい人が本当の意味で輝くのは、自分自身と向き合い、自分の内なる声に耳を傾けることができるときです。そのためには、忙しさから少し距離を置き、自分と対話する時間を持つことが大切です。

大切なのは、自分自身と静かに向き合う時間を作ることなのです。

忙しさから解放されることで、優しい人は本来の力を発揮することができます。時間に追われることなく、自分とじっくり向き合い、自分の気持ちに寄り添うことができるのです。そして気持ちに余裕が生まれます。

気持ちに余裕が生まれると、道を歩いていて困っている人を見かけたとき、すぐに手を差し伸べることもできてしまいます。友人から思いがけない相談を受けたとき、十分な時間を割いて話を聞くこともできてしまいます。そんな小さな、でも大切な優しさの積み重ねが、社会をより良い場所にしていくのです。

優しい人が忙しくないほうがうまくいくというのは、けっして怠惰を推奨しているわけではありません。むしろ、本当に大切なことに時間とエネルギーを注ぐことの重要性を示しているのです。

他人への思いやり、自己成長、そして自分自身との対話。

これらは、忙しさに追われていては十分に行うことができません。

でも、もちろん、わかっています。現実の社会で生きていく上で、ある程度の忙しさは避けられないかもしれません。でも、優しい人はとくに、自分の生活のペースを見直し、本当に必要なことに集中する勇気を持つことが大切なんですよね。

その選択は、かならず自分自身とまわりの人々の幸せにつながるはずです。

優しい人が忙しくないほうがうまくいくというのは、つまり、その人が本来持っている素晴らしい資質を十分に発揮できるということなのです。ゆったりとした時間の中で、深い思いやりと洞察力を持って人々と接することができます。

そんな優しい人々が増えていけば、きっと世界はもっと温かく、思いやりに満ちた場所になっていくことでしょう。

だからこそ、優しい人たちには、自分自身の生活のリズムを大切にしてほしいと思います。忙しさに流されることなく、自分らしく生きる勇気を持ってほしいのです。

それは、利己的なことじゃないです。

むしろ、自分を大切にすることで、より深い優しさを持って他者と向き合うことができるようになるのです。

忙しさに追われないようにする。

自分のリズムを守る。

日々を大切に生きる。

そうすることで、あなたらしい優しさを存分に発揮できる日々が、きっとあなたを待っているはずです。

人生に問題があっても大丈夫

人間、長く生きていると、ほんとにいろんなことが起きますよね。いいことばかり、楽しいことばかりではなく、ときには困ったことやトラブルの日々になることもあります。

そんな人生の荒波を乗り越えていくのは、大変なことかもしれません。優しい人は、いろいろ考えすぎてしまうことも多いので、人生に問題が起きるとより深刻に感じてしまうと思います。私もそういうところ、あります。

でも、私たちには、これまでの人生で培ってきた強さがあります。それは、目に見えないものですが、たしかにあなたの中に存在しています。困難に直面したとき、ふと立ちどまって、これまでの自分を振り返ってみてください。きっと、今まで乗り越えてきた壁がたくさんあることに気づくはずです。そう、あなたはもう十分に強いんです。

でも、強くあることだけがすべてではありません。ときには自分の弱さを認めることも大切です。ひとりでいるとき、泣いたっていいじゃないですか。むしろ、感情を素直に表現することで、心が軽くなることもあります。

友人や家族に悩みを打ち明けてみるのもいいです。誰かに話を聞いてもらうだけで、道が開けることがあります。ひとりで抱え込まないで。まわりの人はきっとあなたの力になりたいと思っています。

大きな困難に直面すると、「はぁ……」とため息をつくばかりで、すべてが暗く見えてしまうことがあります。

でも、そこで「日々の感謝」を思いだしてほしいのです。

朝日の温かさ、美味しいコーヒーの香り、友人からのちょっとした優しい言葉。そんな日常の中にある小さな幸せに目を向けてみてください。あるいは思い出してください。それらが、あなたの心を少しずつ癒してくれるでしょう。

優しい人は、他人には優しくても、自分には厳しかったりします。それは、自分を向上させるという意味ではいいことなんですけれど、そればかりではなくて、ときには自分を甘やかすことだって大切です。

頑張りすぎて、自分を追いつめないでくださいね。

好きな音楽を聴いたり、ゆっくりお風呂に浸かったり、美味しいものを食べたり。そんな自分へのご褒美の時間を作ることで、心に余裕が生まれます。その余裕が、困難を乗り越える力になるのです。

また、新しいことに挑戦してみるのも良いかもしれません。

何か新しいことをはじめると、気持ちが前向きになります。新しいことを習ってみたり、絵を描いてみたり、旅行に出かけてみたり。そうすることで、視野が広がり、いま抱えている問題が少し小さく感じられます。

そして、時間の力を信じてください。

いまは、とてもつらいと感じていても、それはいつか、かならず過ぎ去ります。時間がすべてを癒してくれるわけではありませんが、少なくとも、今の痛みを和らげてくれることはあります。だから、焦らなくてもいいです。

一日一日を大切に生きていけば、きっと道は開けるはずです。

優しい人は他人に負担をかけたくないので、人に助けを求めるというのを、最後の最後まで伸ばしてしまう傾向にあります。

でも、助けを求めることも勇気ある行動です。

専門家のアドバイスを受けることで、新しい視点や解決策が見つかることもあります。日本って、いろんな問題を相談するところがたくさんありますし、精神的なことであったら、カウンセリングを受けることもできます。

相談するのは恥ずかしいことではありません。

むしろ、自分自身を大切にしている証なのです。

もし、いろんなトラブルで精神的に参ってるなぁ、と自分で感じられたら、自然とのつながりを感じることも、心を落ち着かせるのに役立ちます。公園を散歩したり、森林浴をしたり、海を眺めたり……。

自然の中にいると、自分の問題が少し遠くに感じられ、心が静まります。木々のざわめきや、波の音に耳を傾けてみてください。自然というのは、癒しなんですね。しかもそれは、対価を求められることがないのに、すごく効果のある癒しなんです。

無料の癒しを、存分に享受してください。

もし、トラブルが自分の失敗で起こされたものであったら、失敗したことに悩んでしまうかもしれません。でも、失敗を恐れないでください。いつもうまくいくことなんてありません。人生は、失敗と成功の繰り返しです。

失敗は、成長するためのチャンスです。

完璧を求めすぎず、ときには「まあ、いいか」と肩の力を抜くことも大切です。失敗から学び、次に活かす。そんな姿勢が、優しい人を強くしていきます。

人生は長い旅路です。

その道のりは山あり谷ありで、平坦なときのほうが少ないかもしれません。でも、それこそが人生の醍醐味なんです。困難があるからこそ、乗り越えたときのよろこびがあります。悲しみがあるからこそ、幸せがより輝いて見えます。

幸いなことに、優しさをまわりにばらまいていると、何か問題があったとき、まわりから優しさが返ってくる確率がとても高いです。

あなたは、ひとりじゃありません。

まわりには、あなたを支えてくれる人がたくさんいます。そして、あなたの中には、まだ気づいていない大きな力があります。だから、いろんな問題があったとしても、あきらめないでください。

一歩一歩、ゆっくりでいいです。

自分のペースで前に進んでいけば、きっと道は開けます。

優しい人が捨てたほうがいいもの

他人を蹴落としても幸せになりません

今の世の中はとても冷たい側面もあって、他人を蹴落としてでも、自分が成功すれば、それで評価されることも多いです。「競争社会なのだから、どんな手段を使っても勝てばいいんだ」という人だっています。

でも、他人を蹴落としてまで自分が上に立つことは、本当に幸せなことなのでしょうか。「それでも成功は成功だ」という人もいるかもしれません。でも、優しい心を持つ人にとっては、そのような行動は心に重い負担をもたらすと思います。

私たちは、競争社会の中で成功を求めるあまり、他人との比較や競争にとらわれてしまうことがあります。でも、他者を犠牲にして得た成功や幸福は、本当の意味での満足感をもたらすとは思えません。

優しい心を持つ人は、他者の痛みや悲しみに敏感です。

誰かを蹴落とすことで得たものは、一時的には達成感を与えるかもしれませんが、そのあとには罪悪感や後悔が押し寄せてくることが多いでしょう。優しさとは、他者への思いやりや共感から生まれるものです。それは、他人の幸せを願う心であり、自分だけでなくまわりの人々も共に幸せであることを望む気持ちです。

だから、「他人を蹴落としてでも成功する」というのは、優しい人には相容れない行動なんですよね。それなら、そんなものは最初から追い求めないほうがいいです。

私たちの社会は、しばしば競争を奨励します。学校や職場、そして日常生活の中で、誰かと比べられたり、順位づけされたりすることが多々あります。でも、本当に大切なのは、自分自身の価値観や目標に基づいて生きることです。

他者との比較ではなく、自分自身の成長や幸福を追求することが重要です。

他人を蹴落とすことで得た成功は、一時的なものでしかありません。

なぜなら、そうやってまわりを巻き込んで生きていると、いつか自分も蹴落とされてしまう日がきます。だって、つねに百戦百勝の人はいないんです。どこかで、手痛く蹴落とされてしまうときがきます。

他人を陥れたり、蹴落としたりして手に入れた成功は砂上の楼閣のようなもので、基盤がしっかりしていないため、いつ崩れてしまうかわからないのです。でも、自分自身の努力や誠実さによって築いた成果は、たしかなものとして自分の中に残ります。

それは誇るべきものだし、まわりも賞賛してくれるはずです。

他人を蹴落として手に入れた成功は恨みを買います。

もちろん、人間関係にも大きなひびが入ります。信頼関係が損なわれると、人は離れていき、敵が増え、その後の人生において孤独感を感じることになるはずです。

私たちが本当に求めているものは何でしょうか。

それは、おそらく心からの満足感や幸福感ではないでしょうか。他者を蹴落とすことで得られるものではなく、自分自身の内面から湧き出る幸せこそが、本物の幸福なのです。それは、他者との共存や協力によって得られるものでもあります。

優しい心を持つ人は、その優しさこそが最大の強みなんです。

それは、人間としてもっとも美しい特質のひとつであり、それによって多くの人々が救われたり、励まされたりしています。その優しさを大切にし、自分自身にも他者にも正直であり続けることが、本当の意味での幸せにつながります。

人生にはさまざまな選択があります。どんな道を選ぶかは自分次第ですが、自分自身と周囲の人々に対して誠実であることが、最終的にはもっとも満足度の高い選択となるはずです。

他者との競争ではなく、昨日の自分と競争する。

自分自身との対話を大切にして、その過程で得られる学びや成長こそが、真の財産となり、成功につながっていきます。

私たちは皆、それぞれ異なる背景や経験を持っているので、一見すると他者と競争しているように感じることもあるでしょう。でも、それぞれが異なる道を歩んでいることを理解することで、無用な競争心から解放されます。他者との違いを尊重し、自分自身のペースで進むことが大切です。

優しい人は合わない場所から逃げよう

ところで、私たちには合わない環境というのはまぎれもなく存在します。自分の性格とは相容れないグループ、環境、社会、世界があります。もし、自分がそこにいて、「ここは自分のいる場所じゃないな」と思ったら、どうしたらいいでしょうか。

人間には足があるので、そこから去って新しい場所に向かうのは、場合によっては良い選択になると思います。だって、人生は短く、貴重なものです。だからこそ、自分を大切にし、心地よい環境で過ごすことは無視できないことなんです。

有害な人間関係や合わない環境に身を置き続けることは、心身ともに疲弊してしまいます。優しい人ほど、まわりの人の気持ちを察し、自分を犠牲にしてしまいがちです。でも、それは長い目で見ると、誰の幸せにもつながりません。

私自身も以前、職場で苦しい思いをしたことがあります。まわりの人たちの言動が攻撃的で、毎日緊張しながら過ごしていました。「これが社会人としての修行なのかもしれない」と思い、耐え続けていました。

でも、次第に笑顔が消え、夜も眠れなくなってしまいました。

そんなとき、親友が私にいってくれたんです。「あなたは、もっと自分に合った場所に身を置いたほうがいいと思うよ」と。

その言葉で、はっと気づきました。

「そうだ、いまの自分は、自分を大切にしていない……」

そして、勇気を出して転職しました。

最初は不安でいっぱいでしたが、新しい職場は想像以上に素晴らしいものでした。同僚たちは互いを尊重し合い、アイデアを共有し、成長をよろこび合う関係でした。毎日、わくわくしながら出勤するようになりました。

この経験から学んだのは、環境を変えることで、人生が大きく変わるということです。有害な環境から脱出することは、けっして逃げることではありません。むしろ、自分の幸せと成長のために必要な、勇気ある決断なのです。

優しい人は、他人の気持ちには本当に敏感です。

だから、良くも悪くも、まわりの雰囲気に大きく影響されます。良い環境にいれば、その優しさはさらに輝き、まわりの人々も優しくなっていきます。一方、悪い環境では、その優しさが損なわれてしまうかもしれません。

新しい環境に身を置くことで、新たな出会いも生まれます。同じ価値観を持つ人々と出会うこともありますし、互いに高め合える関係を築くことができます。そういった良い人間関係は、私たちの人生を豊かにし、幸せにしてくれるはずです。

もちろん、環境を変えることは簡単ではないかもしれません。慣れ親しんだ場所を離れる不安や、新しい環境への適応の難しさもありますよね。でも、その一歩を踏み出す勇気が、きっと未来の自分への最高の贈り物になるはずです。

私たちは皆、幸せになる権利があります。自分の心に正直に、自分らしく生きていく権利があるのです。だからこそ、自分に合わない環境にいることに気づいたら、変化を恐れずに一歩踏み出してほしいと思います。

最初からすべてを捨てて別世界にいくのが、リスクだと思ったら、小さな変化からはじめてもいいかもしれません。たとえば、新しい趣味を見つけたり、違う場所にいってみたり、新しい人々と交流してみたりすることから環境を変えることができます。

そういった小さな変化が、やがて大きな変化につながっていくものです。

環境を変えることは、自分自身を見つめ直す良い機会にもなります。今までの自分はどんな人間だったのか、これからどんな人間になりたいのか。新しい環境は、そんな自問自答の時間を与えてくれます。
新しい環境で出会う人々は、きっと新しい視点や考えかたを教えてくれるでしょう。
それは、自分の世界を広げ、人生をより豊かにしてくれるはずです。

今の環境には違和感を感じるなぁ。
今の場所は自分の求めている場所じゃないかも。
今の環境は自分をつぶしてしまうかも。
今の環境を良く変えるのはすごく大変かも。
はぁ……。今の環境では自分の将来が感じられないなぁ（ため息）。

そんなふうに感じるなら、それは変化のサインかもしれません。その小さな声に耳を傾け、自分の直感を信じてみてください。人生は一度きりです。後悔しないように、自分らしく生きることが大切です。たとえ、まわりの人が理解してくれなくても、自分の心に正直に生きることが、結局は一番の幸せにつながるのだと私は信じています。

新しい環境に身を置くことで、きっと新しい自分に出会えるはずです。今まで気づかなかった自分の才能や可能性を発見できるかもしれません。それは、人生をより豊かで、より充実したものにしてくれるでしょう。

勇気を出して一歩踏み出す。

それって、簡単ではないかもしれません。

でも、その一歩が、きっとあなたの人生を大きく変えてくれると思います。自分を信じて、前に進んでください。今の環境よりも、ずっと自分に合っている環境があるはずだと思ったら、そちらに移ったほうが合理的です。

優しい人は、合わない環境から去ってもいいんです。

きっと素晴らしい別の世界が、あなたを待っているはずです。

優しい人をむしばむ完璧主義を捨てよう

優しい人の心の奥底には、いつも他人への思いやりがあふれています。

そうすると、まわりの人々に迷惑をかけたくない、誰かを傷つけたくない、そんな気持ちが常に心の中にあります。そして、その優しさゆえに、自分自身に高い基準を課し、完璧を追い求めてしまうことがよくあります。

完璧を目指すこと自体は悪いことではありません。むしろ、素晴らしい成果を生み出す原動力にもなりえます。でも、その追求がいき過ぎてしまうと、思わぬ落とし穴に陥ってしまうこともあるのです。

優しい人は、自分の行動が他人にどのような影響を与えるか、いつも気にかけています。そのため、ちょっとした自分のミスや失敗も、必要以上に反省したりすることもよくあることです。「ああ、もっと上手くできたはずなのになぁ」「もっと完璧にすべきだったなぁ」という思いが、心の中で渦巻いてしまうのです。

でも、ちょっと立ちどまって考えてみましょう。

私たちは皆、完璧ではありません。

誰もが間違いを犯し、失敗をします。それは人として当たり前のことなのです。絶対に間違わないなんていう人はひとりもいないんです。どんな偉業を成し遂げた人だって、たくさん間違えています。それなのに、完璧を追い求め過ぎて自分自身を追いつめてしまっては、本末転倒ではないでしょうか。

完璧主義は、自分自身に対して優しくない仕打ちです。

優しさは、他人だけでなく自分自身にも向けるべきものです。自分に対して際限のない完璧さを強制して必要以上に厳しくするのではなく、失敗も含めて成功に近づいていく姿勢も大切なのです。

一生懸命に目的に努力して、でも結果が完璧ではなくても「よくがんばったね」「これでも十分すごいよ」と、自分自身をねぎらうのは大切です。

完璧を追い求めるあまり、自分の心や体に大きな負担をかけてしまうことって優しい人にはよくあります。睡眠時間を削って仕事に打ち込んだり、休日も返上して課題に取り組んだり。そうして自分を追い込んでいくうちに、気づけば心身ともに疲れ果ててしまっているのです。

私たちは誰も完璧じゃないのに、自分だけ完璧になろうと悪戦苦闘して、自分で自分を苦しめているんですよね。

でも、ちょっと考えてみてください。

あなたが完璧を目指して頑張っているのは、もしかしたら自分のためじゃなくて、誰か他の人のためかもしれません。まわりの人をよろこばせたい、期待に応えたい、そんな思いがあるからこそ、懸命に努力しているのかもしれません。

それって、自分のためじゃないのかもしれません。

そうやって誰かのために自分を追い込みすぎて、心身ともに疲れ果ててしまっては、本当の意味で誰かのためになることはできません。むしろ、まわりの人は自分を追い込んでしまっているあなたを心配してしまうかもしれません。完璧を追い求めるあまり、かえってまわりの人に心配をかけてしまう。そんなジレンマに陥ってしまうこともあるのです。

なんでもいい加減にしていいよ、という意味じゃないです。

物事を成し遂げるには、もちろん全力を尽くす必要もあります。

自分のやっていることが、好きで好きでしかたがなくて、没頭できて、それこそ自分のやりたいことであれば、自分を追い込むことも意味があることです。自分のやりたいことと目標が合致していたら、追い込むことさえも楽しいと感じると思います。

それなら、思いっきり没頭し、追い込んでください。

心地良い疲労が得られて幸せを感じると思います。

でも、そうじゃなくて、ただ「失敗は許されない、完璧じゃないと……」と自分を追い込んでストレスまみれになっているのであれば、ちょっと違うかもしれません。

こういう完璧主義って、危険だなと思います。

完璧主義に陥らないために、優しい人は自分自身のことをよく知っておいたほうがいいかもしれません。どこまでなら頑張れるのか、どこからが無理なのか。自分自身の限界を把握することで、適切な目標設定ができるようになります。

次に、小さな成功を認めることです。完璧でなくても、少しずつ前進していることを自分で認めてあげましょうよ。この小さな成功の積み重ねが、大きな自信につながっていきます。そして、失敗も失敗ではなくて、物事に挑戦して経験値を積んだひとつの経験としてとらえたら、いいんだと思います。

完璧主義が昂じて失敗が許されないのなら、挑戦することさえ不可能になります。ときには「ほどほど」でも良いんだと、自分にいい聞かせることも大切です。すべてのことを完璧にこなす必要なんてありません。優先順位をつけて、重要なことに集中する。そんな取り組み方も、必要なんですよね。

完璧主義になっていると、何かをやってうまくいかなかったとき、「何をやってるんだ」と無意識に自分を叱っています。「うまくいかなかったけれど、挑戦したことによって経験が得られた」とは思わないんです。「うまくいかなかったけれど、よくぞ挑戦した！」と自分を褒めることもありません。

でも、この完璧主義をやめたら、いろんなことに挑戦し、自分を褒めることができるようになります。そして、失敗も楽しくなったりします。

だって経験が得られたんだから！

いろんなことに挑戦したら、結果がどうであれ自分を褒めることを忘れないでください。他人を褒めるのと同じように、自分自身も褒めてあげましょう。

「我ながら、よくがんばった」

「よし、全力を尽くした。素晴らしい！」

そんな言葉を、自分自身にかけてあげるんです。

完璧を目指すって素晴らしいことです。でも、それと同時に自分の限界も知り、適度に休息を取らないといけませんよね。

完璧じゃないことも大切なんです。

完璧じゃなくても、あなたはあなたのままで十分素晴らしい存在です。

そのことを、どうか忘れないでくださいね。

期待と比較と評価に注意！

優しい人は期待されないほうが楽です

優しい人は、下手に他人に期待されないほうが楽に生きられるかもしれませんね。そう思ったことはありませんか？　私もそう感じることがあります。

他人からの期待は、私たちの心に重くのしかかることがあります。とくに優しい人は、その優しさゆえに、まわりの人から頼られやすく、期待されやすいものです。「あの人なら助けてくれるはず」「あの人なら理解してくれるはず」という期待が、知らず知らずのうちに積み重なっていきます。

そうすると、優しい人は自分の本意ではなくても、期待に応えようとして無理してしまうことが多いんです。でも、優しい人には心のうちに秘めた自分の本当の目的や「やりたいこと」があったりします。

本当は自分の目的を重視しなければいけないのに、期待に応えようと思って、道を外れてしまうことがしばしばあります。まわりからの期待に応えようとして、自分を犠牲にしてしまうんです。

優しい人が楽に生きるためには、適度な距離感を保つことが大切だと思います。それはけっして冷たくなることではありません。むしろ、自分の心の声に耳を傾け、自分自身を大切にすることなのです。

他人からの期待に応えようとするあまり、自分の気持ちを押し殺してしまうことはありませんか？「断ったら相手が傷つくかもしれない」「期待に応えられないなんて、私は優しくない人間なのかもしれない」そんな思いに苛まれることもあるでしょう。

でも、そんなときこそ立ちどまって「それでいいのかな？」と自分を振り返ってください。

ときには「ごめんなさい、今は難しいです」と断ることも、優しさのひとつの形なのかもしれません。相手の期待に応えられないことを正直に伝えることで、かえって相手との関係が深まることもあるのです。

期待されるって、うれしいことかもしれません。期待されることのデメリットを考える人はほとんどいません。でも、期待されるって、いろいろデメリットもあったりするんですよ。たとえば、こんなことです。

- プレッシャーを感じやすくなります。
- 自由に行動しづらくなる可能性があります。
- 失敗への恐れが強くなることがあります。
- 自己評価が低下する可能性があります。
- ストレスを感じやすくなります。

- 自分らしさを失う危険性があります。
- 燃え尽き症候群になるリスクが高まります。
- 他人の評価に依存しやすくなります。
- 期待と現実のギャップに苦しむことがあります。

他人からの期待に応えようとするあまり、自分の本当の姿を見失ってしまうって、優しい人にとってよくあることなんです。他人からの期待を意識しすぎると、自分の人生の主役が自分ではなくなってしまいます。

他人の期待に応えることばかりに気を取られて、自分が本当にやりたいことや、自分の夢を見失ってしまうかもしれません。

だから、優しい人にとって、期待されるって注意したほうがいいことなんですよね。優しい人が誰かに期待されているときは、「期待に応えることは、本当に自分のやりたいことなのかな?」と自分自身との対話が欠かせません。

そうすることで、自分の中にある本当の気持ちに気づくことができるかもしれません。それは、無理に他人の期待に応えようとするのではなく、自分の心に正直に生きることから生まれる気づきです。

べつに、他人からの期待に応えられないことを恐れる必要はありません。

むしろ、自分の限界や目的ややりたいことを知り、それを受け入れることこそが大切なのです。ときには、他人の期待に対しては「ノー」ということも必要です。そうやって、自分の気持ちからズレた期待を軌道修正することができますし、まわりにも自分のことをもっとわかってもらえるようになります。

そうすると、楽に生きられるようになります。まわりの期待と自分の目的がズレていたら自分の目的の実現のほうを選んでください。

期待に応えるより、自分のやりたいことをやる。

それが、しなやかに生きることなんだと思います。

期待に応えないというのは、自己中心的になることではありません。むしろ、自分を大切にすることなんです。他人からの期待に振り回されるのではなく、自分の心の声に耳を傾けながら生きていく。そんな生きかたこそが、本当の意味での正しさにつながるのではないでしょうか。

他人と比較しそうになったら思い出すこと

優しい人はよく他人の長所に気づきます。そして、ときどき他人と自分を比較して「もしかして自分は劣っているのかも……」と自己分析して落ち込んだり、自分を見失ったりすることもあります。

誰かと自分を比べたとき、私たちはその人の成功ばかりを目にしがちです。そして、自分には足りないものがあると感じ、自信を失ってしまうことがあります。

でも、忘れてはならないのは、私たちひとりひとりが持つ独自の魅力や価値です。

優しい人は、その優しさゆえに他者の良いところを見つけるのが得意ですが、それと同じように自分自身の良さにも目を向けることが必要なんですよね。

自分と他人を比較することについては、数え切れないほどのデメリットがあります。考えてみたら、本当にデメリットだらけです。


他人と比較することで、自分の価値を見失い、自己肯定感が低下します。とくに他人が成功していると、自分が劣っていると感じやすくなります。他者の成功や幸せを見て嫉妬心が芽生え、素直によろこべなくなることだってあります。この感情は心の負担となり、ストレスを引き起こします。

ひどいときは、うつ状態や不安感を引き起こす要因となります。自分が劣っていると感じることで、精神的な健康が損なわれるからです。

比較することで、自分の成長を阻害することがあります。他者の進捗に焦点を当てるあまり、自分自身の目標や進歩を無視してしまうことがあるからです。

比較は無用な競争心を煽り、他人との関係を悪化させることがあります。まわりの人たちの関係がギクシャクし、協力し合うことが難しくなる場合もあります。

比較によって、自分の能力や成果を過小評価してしまうことがあります。これにより、自己評価がゆがみ、自信を持てなくなることがあります。

比較にとらわれることで、自分自身の人生を楽しむ余裕がなくなります。他者の成功ばかりに目を向けていると、自分の幸せに気づけなくなることがあります。「自分も早く何かを達成しなければ」という焦燥感が生まれ、無理なプレッシャーを自分にかけることになります。

そして、比較は自己中心的な思考を助長することもあります。自分だけが苦しんでいると感じ、他者への共感が薄れるんですよね。他人と比べることで、自分自身のポジティブな経験や感情もなくなってしまいます。他者と比べて「自分はどうなのか」と考えるあまり、本来感じられるはずのよろこびや満足感が大幅に消えます。

他人と自分を比較するって、優しい人の優位性をみんな奪ってしまうものなんです。そうであれば、他人と自分を比較しないことを意識しておく必要があることに気づくと思います。「そんなことわかってるけど、どうしても比べてしまうんだよねぇ」とため息ついている人もいるかもしれません。じゃ、こんな事実を思って下さい。

サザエさんがプリキュアに憧れてもプリキュアになれません。
ミニーマウスがマイメロに憧れてもマイメロになれません。
ポムポムプリンがハローキティに憧れてもハローキティになれません。
スヌーピーがハチ公に憧れてもハチ公になれません。
アルプスの少女ハイジが赤毛のアンに憧れてもアンになれません。
赤毛のアンが長くつ下のピッピに憧れてもピッピにはなれません。

だって、ぜんぜん違う世界のぜんぜん違うキャラクターじゃないですか。「ちょっと待って。これ比較するほうがおかしいよ！」と思いますよね。
でも、自分と他人って、それ以上にまったく違う世界の違うキャラクターなんですよ。比較するほうがおかしいんですよ。「ちょっと待って！」なんです。「比較するほうがおかしいよ！」なんです。

ところが、なんだか自分のことになると、どうですか？

なぜか、シリアスに他人と比較してしまうんですよねえ。


自分と他人は何もかも違います。生まれも、育ちも、性格も。

そんな他人を比較しないで、自分が自分らしくしなやかに生きるためには、自分自身との対話が重要になってきます。自分は何が好きで、何が得意で、どんなときに幸せを感じるのか。それらを深く考え、自分自身を理解することで、本当に自分らしい生きかたが見えてきます。

もし、どうしても比較するのであれば、他人ではなく、過去の自分と比較することで、自分の成長に目を向けることができます。

「あ、自分は過去の自分よりも成長したな、前進しているな……」

これが正しい比較なんです。他人との比較は自己評価が下がりますが、過去の自分との比較は自己評価が上がります。

それでも、他人との比較をしてしまいそうになったら、自分の目的に意識を向けてみてください。自分自身の目標を明確にし、それに向かって努力することで、他人との比較に惑わされずに済みます。自分の得意なことや強みをリストアップし、それを意識することで、自信がつきます。他人と比べる必要がなくなります。

他人と自分を比べるなんて、いいことは何ひとつないです。

そういえば、子供の頃にお母さんにいわれませんでしたか？

「よそはよそ。うちはうち！」

あれって、人生の真実だと思います。

優しい人は他人の評価から逃げましょう

試験の成績だとか、学歴とか、資格とか、業績だとか、態度だとか、チームワークとか、いつも私たちはいろんなところで評価されます。

公的なものだけでなく、プライベートでも「あの人は良い人だね」とか「あの人は良くない」とか、噂レベルで評価されることもあります。良い評価をされるとうれしいけれど、悪い評価では落ち込んだりします。

優しい人は、この「他人からの評価」には、振り回されないほうがいいです。

これは、とても大切な視点なんです。

たしかに、良い評価も悪い評価も、私たちの心に大きな影響を与えることがあります。でも、よく考えてみると、他人は本当の私を知らないはずなんです。知らない人が評価しているんです。それを信じるのって、良い評価でも悪い評価でもちょっと危険だと思いませんか?

そんな私たちの人間性や成し遂げたことを、他人が完全に理解することは難しいです。だからこそ、他人の評価に一喜一憂するのは、ちょっと危険なんですよね。自分のことを知らない人が、自分のことを評価しているんですから。

たとえば、誰かがカフェでコーヒーを飲んでいたとします。その人は、とても険しい顔をして近寄りがたいです。でも、それだけで「この人は怖い人」と考えるのは早計かもしれませんよね。

もしかしたら、この人は悩んでいるところなのかもしれません。悲しいことがあったのかもしれません。苦しみを抱えているのかもしれません。私たちには、その心の中までわからないわけです。

つまり、他人の評価って本当に難しいんです。

裏を返せば、自分だって表面的なことで評価されているということなんですよね。

だから、他人の評価からは一歩距離を置いたほうがいいと思います。

自分が何か失敗をしてしまったときに、厳しい評価をされることだってあります。

そんなとき、その評価に傷ついてしまうかもしれません。でも、その失敗は、自分の中の一部分に過ぎません。あなたの中には、たくさんの可能性や、まだ見ぬ才能が眠っているはずなのですが、たまたま今回は失敗して評価が悪くなったわけです。

でも、それって永遠のものではないし、正しいものでさえありませんよね。

ただ、失敗した。それだけの話です。

そう考えると、他人の評価ではなく、自分の価値観や信念で自分自身が自分を評価するのがいいというのがわかるはずです。

私は、優しい人であればあるほど、他人の評価から離れておいたほうがいいと思っています。なぜなら、そのほうが幸せになれるからです。

優しい人は他人のことによく気づく傾向があるので、他人の評価に影響されやすい面もあります。そのため、否定的な評価を受けると、気にしてしまいやすいんですよね。でも、他人の評価から距離を置くことで、自分の価値を守ることができます。

それに、優しい人が他人の評価に過度にとらわれてしまうと、周囲の期待に応えようとするあまり、本来の自分らしさを失う可能性もあります。評価から離れることで、自分の本質を保つことができます。

そもそも、他人の評価を気にすることは、大きなストレスじゃないですか。ストレスになってしまうくらいだったら、悪い評価だけでなく、良い評価からも離れておいたほうがずっといいですよ。

もちろん、他人からの評価を完全に無視する必要はありません。ときには、私たちが気づいていない自分の一面を教えてくれることもあります。「これは、自分の悪いところだな。改善したほうがいいな」という点に気づいたら、それを変えていくこともできます。だから、完全に無視しないといけないというわけでもないわけです。

でも、それを鵜呑みにするのではなく、自分の内なる声と照らし合わせて、取り入れるべきかどうかを判断することが大切ですよね。つまり、一番いいのはこれです。

自分の評価は自分でする！

他人の評価に頼らず、自己評価を重視することで、より客観的に自分を見つめ、成長の機会を見出すことができます。自分の価値は自分で決め、もし自分でも評価できないレベルだと思ったら、そこから向上していけばいいんです。

今の自分を否定するのではなく、今の自分を出発点として受け入れ、そこからゆっくりと、でも着実に成長していく。

外側にゆだねている評価を、自分ですることに決め、足りなければ向上し、成長していく。自分の人生の主役は、他の誰でもない、自分自身なのだから、評価だって自分でくだすのが正当です。

一歩一歩、ゆっくりでいいです。
今日より少しだけ成長した明日の自分を目指して。
そして、その過程を楽しむことを忘れずに。
なぜなら、人生は目的地だけでなく、そこに至る道のりそのものなのですから。

おわりに

いかがだったでしょうか！


優しさは、人々が持つ素晴らしい資質のひとつです。

その優しさを活かして生きることは、すごく大切なことなんです。

それは、個々の幸福やまわりの人々への良い影響をもたらす重要な生きかたです。

でも、優しい気質を持った人は何かと生きにくい世の中です。現代社会では、競争や効率が重視され、自己主張の強い人が目立つ傾向にあります。そのため、「優しさなんて捨てたほうがいいんじゃないかな」と悩む人もいっぱいいると思います。

でも、私はあなたに伝えたいのです。

「優しさを捨てないでください」

「それはみんなの大切な宝物なのですから」

それをいいたいために、この本を書きました。

優しさは、この世界を美しくする力を持っています。優しい人がいないと、この世は地獄のような世界になってしまいます。私たちが平穏に生きられるのは、優しい人が優しさを失わないで生きているからなのです。

優しさは小さな種のようなもので、時間をかけてゆっくりと育っていきます。

やがて、その優しい言葉や行動は、誰かの心に温かな光を灯します。

そして、その光は次第に広がり、まわりの人々の心も温めていくのです。

生きにくさを感じることがあっても、それはけっして優しいことが悪いからではないんです。むしろ、この世界がまだ十分に優しさに満ちていないからかもしれません。

だからこそ、あなたの優しさが必要なのです。

あなたの優しい笑顔が、誰かの心を和ませ、優しい言葉が誰かを励まし、優しい行動が誰かの希望になりますように！

上江ちはる
東京都出身。大学卒業後、一般企業の事務職として約10年間勤務。結婚・出産を経て、二児の母となる。育児と仕事の両立に悩みつつ、優しさゆえの性格を突きつめ、自身の経験を元に本書『優しいままで生きてゆく』をまとめる。穏やかな性格と洞察力を活かし、現在も事務職を続けながら、執筆活動に励んでいる。

優しいままで生きてゆく

令和6年（2024年）11月26日　第1版発行
著　者　　上江ちはる
発行所　　四汐舎
〒154-0022
東京都世田谷区梅丘1-13-12 3F-10
TEL 03-5357-8218
MAIL info@kodamafanatic.com
発売所　　星雲社（共同出版社・流通責任出版社）
〒112-0005
東京都文京区水道1-3-30
TEL 03-3868-3275　FAX 03-3868-6588
装　丁　　またたび企画
印刷・製本　シナノ印刷株式会社
ISBN　978-4-434-34946-1　C0211